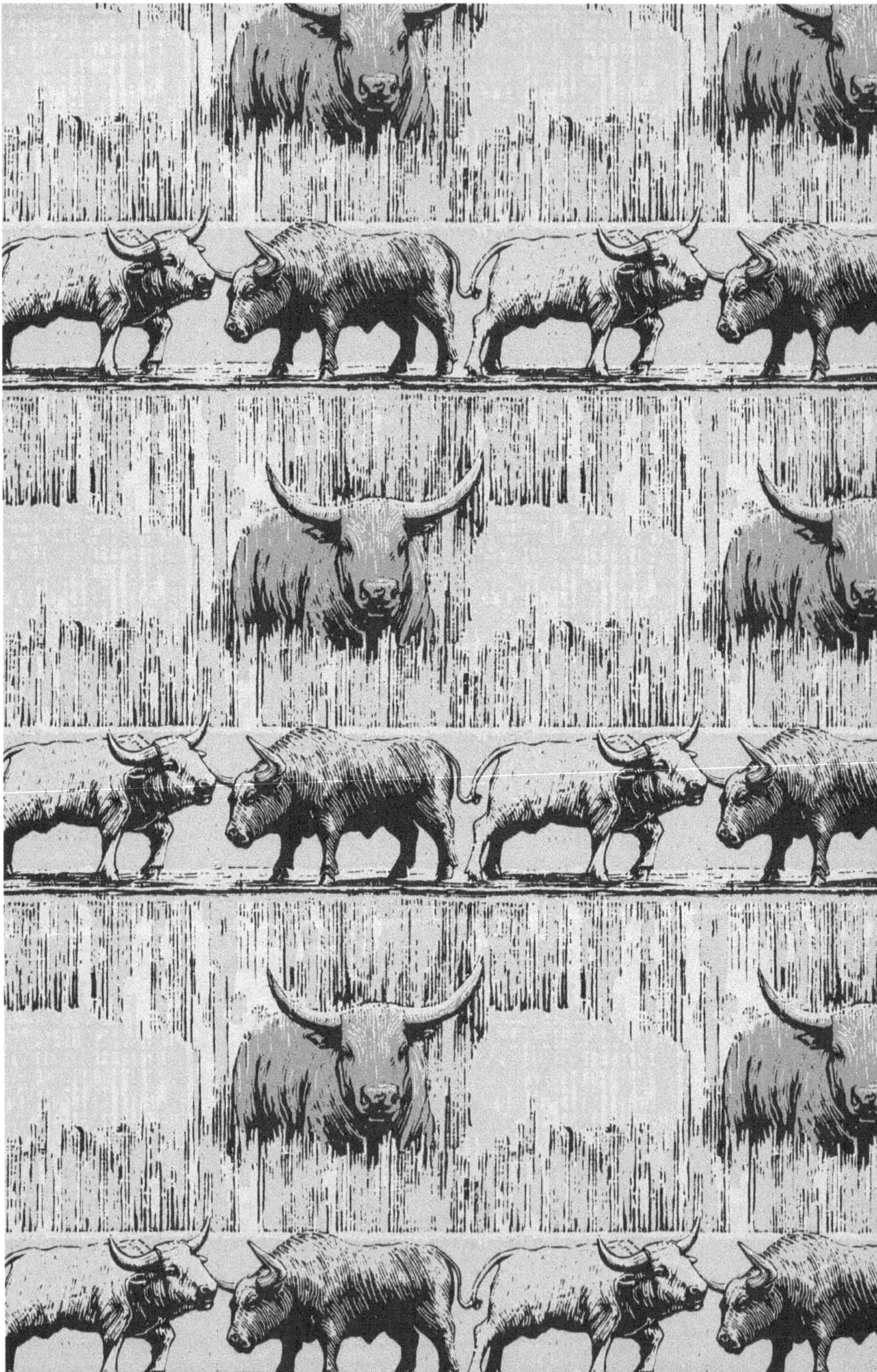

Impressum

Saage Media GmbH
c/o SpinLab – The HHL Accelerator
Spinnereistraße 7
04179 Leipzig, Germany
E-Mail: contact@SaageMedia.com
Commercial Register: Local Court Leipzig, HRB 42755 (Handelsregister: Amtsgericht Leipzig, HRB 42755)
Managing Director: Rico Saage (Geschäftsführer)
VAT ID Number: DE369527893 (USt-IdNr.)

SaageBooks.com/de/imprint
Publisher: Saage Media GmbH
Veröffentlichung: 06.2025
Umschlagsgestaltung: Saage Media GmbH
ISBN-Softcover (de): 978-3-69141-153-9
ISBN-Ebook (de): 978-3-69141-152-2

Rechtliches / Hinweise

Die in diesem Buch aufgeführten externen Links und Quellenverweise wurden zum Zeitpunkt der Buchveröffentlichung geprüft. Auf die aktuellen und zukünftigen Gestaltungen und Inhalte der verlinkten Seiten hat der Autor keinen Einfluss. Für illegale, fehlerhafte oder unvollständige Inhalte sowie für Schäden, die durch die Nutzung oder Nichtnutzung der Informationen entstehen, haftet allein der Anbieter der verlinkten Website, nicht derjenige, der über Links auf die jeweilige Veröffentlichung verweist. Alle verwendeten externen Quellen sind im Literaturverzeichnis aufgeführt. Trotz sorgfältiger inhaltlicher Kontrolle übernehmen wir keine Haftung für die Inhalte externer Quellen. Für den Inhalt der zitierten Quellen sind ausschließlich deren Betreiber verantwortlich. Bilder und Quellen Dritter sind als solche gekennzeichnet. Die Vervielfältigung, Bearbeitung, Verbreitung und jede Art der Verwertung außerhalb der Grenzen des Urheberrechtes bedürfen der schriftlichen Zustimmung des jeweiligen Autors bzw. Erstellers.

Die Daten in den Diagrammen, die nicht explizit mit einer Quelle gekennzeichnet sind, basieren nicht auf Studien, sondern sind unverbindliche Annahmen zur besseren Visualisierung.
Dieses Buch wurde unter Verwendung von Künstlicher Intelligenz (KI) und anderen Tools erstellt. Unter anderem wurden Tools für die Recherche, das Schreiben/Lektorieren und die Generierung der dekorativen Illustrationen eingesetzt. Trotz Kontrolle können Fehler nicht vollständig ausgeschlossen werden. Wir möchten betonen, dass der Einsatz von KI als unterstützendes Werkzeug dient, um unseren Lesern ein qualitativ hochwertiges und inspirierendes Leseerlebnis zu bieten.
Die in diesem Buch enthaltenen Verweise beziehen sich auf Online-Quellen, die sorgfältig recherchiert wurden. Die Wiedergabe der Informationen erfolgt stets sinngemäß (paraphrasierend); auf wörtliche Zitate wird verzichtet. Die Interpretation und Darstellung der wiedergegebenen Inhalte spiegelt die Auffassung des Autors wider und muss nicht zwangsläufig mit der Intention oder Meinung der ursprünglichen Autoren übereinstimmen. Bei der sinngemäßen Wiedergabe werden die Kernaussagen der Originalquellen nach bestem Wissen und Gewissen in den Kontext dieses Werkes eingebettet. Dabei kommen zwei Vorgehensweisen zur Anwendung: Sinngemäße Wiedergabe: Kernaussagen werden direkt paraphrasiert und in den thematischen Zusammenhang des Buches gestellt. Übertragung und Anwendung: Erkenntnisse aus einer Quelle, die ursprünglich einem anderen Fachgebiet oder Kontext entstammt, werden auf das spezifische Thema dieses Buches übertragen und angewendet. In beiden Fällen können durch die Übertragung, Vereinfachung und kontextuelle Einbettung die ursprünglichen Formulierungen und Bedeutungsnuancen von den Originalquellen abweichen. Die Verantwortung für die Interpretation und die spezifische Anwendung im Rahmen dieses Buches liegt beim Autor. Alle verwendeten Online-Quellen sind in der Quellenliste am Ende des Buches aufgeführt. Es wird empfohlen, die Originalquellen für Detailinformationen zu konsultieren, wobei die dauerhafte Verfügbarkeit von Online-Inhalten nicht garantiert werden kann. Der Autor hat sich bemüht, komplexe Sachverhalte allgemeinverständlich

darzustellen. Dabei können Vereinfachungen und Verallgemeinerungen nicht ausgeschlossen werden. Für die fachliche Richtigkeit und Vollständigkeit der vereinfachten Darstellungen kann keine Gewähr übernommen werden. Die sinngemäße Wiedergabe von Erkenntnissen erfolgt gewissenhaft unter Beachtung der geltenden urheberrechtlichen Bestimmungen. Bei der Vereinfachung, Übertragung und gegebenenfalls Übersetzung von Inhalten in eine allgemeinverständliche Sprache können Bedeutungsnuancen und fachliche Details verloren gehen. Der Autor erhebt keinen Anspruch auf die Rechte der zitierten Werke und respektiert sämtliche Urheberrechte der Originalautoren. Sollte eine unerlaubte Nutzung festgestellt werden, bittet der Autor um Mitteilung, um entsprechende Maßnahmen zu ergreifen. Für akademische Zwecke und bei der Verwendung als wissenschaftliche Referenz wird ausdrücklich empfohlen, auf die Originalquellen zurückzugreifen. Die vereinfachte Darstellung dient ausschließlich der populärwissenschaftlichen Information.

Die in diesem Buch vorgestellten Trading-Strategien, Techniken zum Swing Trading, Order Flow und Fibonacci Trading sowie die Ratschläge zur Trading-Psychologie basieren auf Erfahrungswerten und Recherchen zum Zeitpunkt der Erstellung. Trotz sorgfältiger Ausarbeitung kann keine Gewähr für die Richtigkeit, Vollständigkeit und Aktualität der dargestellten Informationen übernommen werden. Die Finanzmärkte unterliegen ständigen Veränderungen, sodass Strategien und Techniken, die zum Zeitpunkt der Drucklegung erfolgversprechend waren, möglicherweise nicht mehr dieselben Ergebnisse erzielen. Der Börsenhandel ist mit erheblichen Risiken verbunden, die bis zum Totalverlust des eingesetzten Kapitals führen können. Für finanzielle oder andere Schäden, die durch die Anwendung der in diesem Buch beschriebenen Methoden entstehen könnten, wird ausdrücklich keine Haftung übernommen. Die vorgestellten Trading-Strategien stellen keine Garantie für Gewinne dar. In diesem Werk werden Warenzeichen, Handelsnamen und sonstige Marken verwendet, die dem jeweiligen Rechteinhaber gehören. Die Nennung von Marken erfolgt ohne Gewährleistung der freien Verwendbarkeit. Alle erwähnten Marken und Warenzeichen unterliegen uneingeschränkt den Bestimmungen des jeweils gültigen Kennzeichenrechts und den Besitzrechten der jeweiligen eingetragenen Eigentümer. Dieses Buch ist als Leitfaden für Anfänger konzipiert, ersetzt jedoch nicht die professionelle Beratung durch qualifizierte Finanzexperten. Vor jeder Anlageentscheidung wird dringend empfohlen, einen Finanzberater, Steuerberater oder Rechtsanwalt zu konsultieren, der Ihre individuelle Situation berücksichtigen kann. Trading-Entscheidungen sollten stets auf Basis einer umfassenden persönlichen Finanzplanung und Risikoanalyse getroffen werden.

Cupido A.I. Saage

Trading Strategien: Erfolgreicher Börsenhandel mit Swing Trading und Order Flow Techniken

Wie Sie Trading lernen, Ihre Trading Psychologie verbessern und Fibonacci Trading meistern - Ein praxisnaher Leitfaden für Daytrading für Anfänger

29 Quellen
43 Diagramme
13 Bilder
9 Illustrationen

Inhaltsverzeichnis

Liebe Leserinnen, liebe Leser,

von Herzen danken wir Ihnen, dass Sie sich für dieses Buch entschieden haben. Mit Ihrer Wahl haben Sie uns nicht nur Ihr Vertrauen geschenkt, sondern auch einen Teil Ihrer wertvollen Zeit. Das wissen wir sehr zu schätzen.

In einer Welt volatiler Märkte und komplexer Handelsstrategien kann der Einstieg in den Börsenhandel überwältigend wirken. Dieses Fachbuch entschlüsselt die Herausforderungen des modernen Tradings und zeigt praxisnahe Wege auf, wie Sie vom Anfänger zum selbstbewussten Marktteilnehmer werden können. Wie entwickelt man profitable Handelsstrategien, die sowohl zu den Marktbedingungen als auch zur eigenen Persönlichkeit passen? Das Buch verbindet bewährte Konzepte des Swing Tradings mit fortschrittlichen Order Flow Techniken und gibt Ihnen konkrete Werkzeuge an die Hand, mit denen Sie Ihre Handelsentscheidungen fundierter treffen können. Sie lernen, Fibonacci-Levels präzise einzusetzen, Ihre Trading-Psychologie zu stärken und typische Anfängerfehler im Daytrading zu vermeiden. Die vorgestellten Methoden sind sowohl für Einsteiger verständlich als auch für Fortgeschrittene wertvoll. Dieses Buch bietet einen strukturierten Weg zu einem disziplinierten und methodischen Trading-Ansatz, der langfristigen Erfolg ermöglicht. Beginnen Sie noch heute, Ihre Trading-Fähigkeiten auf ein neues Niveau zu heben – Ihr zukünftiges finanzielles Selbst wird es Ihnen danken.

Dieser Ratgeber bietet Ihnen verständlich aufbereitete und praxisnahe Informationen zu einem komplexen Thema. Dank selbst entwickelter digitaler Tools, die auch neuronale Netze nutzen, konnten wir umfangreiche Recherchen durchführen. Die Inhalte wurden optimal strukturiert und bis zur finalen Fassung ausgestaltet, um Ihnen einen fundierten und leicht zugänglichen Überblick zu ermöglichen. Das Ergebnis: Sie erhalten einen umfassenden Einblick und profitieren von klaren Erklärungen und anschaulichen Beispielen. Auch die visuelle Gestaltung wurde durch diese fortschrittliche Methode optimiert, damit Sie die Informationen schnell erfassen und nutzen können.

Wir bemühen uns um höchste Genauigkeit, sind aber für jeden Hinweis auf mögliche Fehler dankbar. Besuchen Sie unsere Website, um die aktuellsten Korrekturen und Ergänzungen zu diesem Buch zu finden. Diese werden auch in zukünftigen Auflagen berücksichtigt.

Wir hoffen, Sie haben viel Freude beim Lesen und entdecken Neues! Sollten Sie Anregungen, Kritik oder Fragen haben, freuen wir uns über Ihre Rückmeldung. Nur durch den aktiven Austausch mit Ihnen, den Lesern, können zukünftige Auflagen und Werke noch besser werden. Bleiben Sie neugierig!

Cupido A.I. Saage

Saage Media GmbH - Team

- www.SaageBooks.com/de/contact/
- support@saagemedia.com
- Spinnereistraße 7 - c/o SpinLab – The HHL Accelerator, 04179 Leipzig, Germany

Schnell zum Wissen

Für ein optimales Leseerlebnis möchten wir Sie mit den wichtigsten Merkmalen dieses Buches vertraut machen:

- **Modularer Aufbau:** Jedes Kapitel ist in sich abgeschlossen und kann unabhängig von den anderen gelesen werden.
- **Fundierte Recherche:** Alle Kapitel basieren auf gründlicher Recherche und sind mit wissenschaftlichen Quellenangaben belegt. Die in den Diagrammen dargestellten Daten dienen der besseren Visualisierung und beruhen auf Annahmen, nicht auf den in den Quellen angegebenen Daten. Eine umfassende Liste der Quellen und Bildnachweise befindet sich im Anhang.
- **Verständliche Terminologie:** Unterstrichene Fachbegriffe werden im Glossar erläutert.
- **Kapitelzusammenfassungen:** Am Ende jedes Kapitels finden Sie prägnante Zusammenfassungen, die Ihnen einen Überblick über die wichtigsten Punkte geben.
- **Konkrete Handlungsempfehlungen:** Jedes Subkapitel schließt mit einer Liste konkreter Ratschläge ab, die Ihnen helfen sollen, das Gelernte in die Praxis umzusetzen.

Zusätzliche Bonus-Materialien auf unserer Website

Auf unserer Website planen wir Ihnen folgende exklusive Materialien zur Verfügung zu stellen:

- Bonusinhalte und zusätzliche Kapitel
- Eine kompakte Gesamtzusammenfassung
- Eine Hörspiel Version. (In Planung)

Die Website befindet sich derzeit noch im Aufbau.

www.SaageBooks.com/de/trading-bonus-7T9YYC

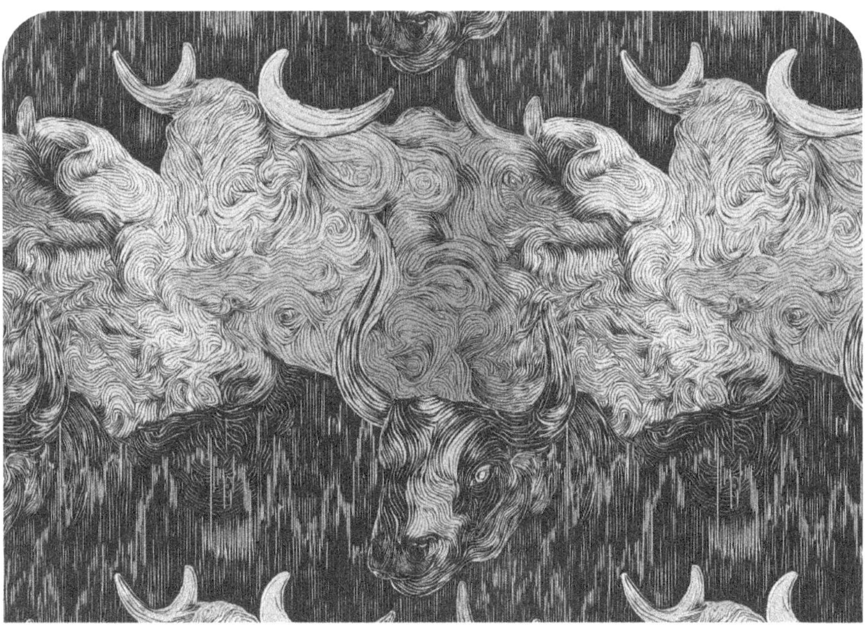

1. Grundlagen des Börsenhandels

Haben Sie sich jemals gefragt, warum manche Händler konstant Gewinne erzielen, während andere immer wieder scheitern? Der Unterschied liegt selten im Glück, sondern vielmehr im soliden Fundament, auf dem erfolgreiche Handelsentscheidungen getroffen werden. Dieses Kapitel vermittelt die essentiellen Konzepte, die jeden Trader von reaktivem Handeln zu strategischem Agieren führen können. Von der Interpretation von Kursmustern bis zur Implementierung effektiver Absicherungsmechanismen werden Sie die Werkzeuge kennenlernen, die für nachhaltigen Erfolg unerlässlich sind. Was Sie in den folgenden Abschnitten entdecken werden, könnte den entscheidenden Unterschied zwischen gelegentlichen Treffern und systematischer Profitabilität ausmachen.

1. 1 Trading lernen

Trading erfordert fundierte Kenntnisse über Märkte, Ordertypen und Analysemethoden. Von der Auswahl der richtigen Handelsplattform bis zum Verständnis von Risikomanagement – dieser Abschnitt legt die Grundlagen für erfolgreiche Handelsentscheidungen. Er behandelt die Herausforderungen, denen sich Trader stellen müssen und die notwendigen Werkzeuge, um diese zu meistern. Bereiten Sie sich darauf vor, die Welt des Tradings von Grund auf zu verstehen und Ihre Fähigkeiten systematisch aufzubauen.

Kontinuierliches Lernen, Üben im Demokonto und die Analyse der eigenen Trades sind essentiell für den langfristigen Erfolg im Trading.

Aufbau eines soliden Wissensgrundgerüsts

Erfolgreiches Trading basiert auf einem soliden Wissensfundament. Dieses umfasst verschiedene Bereiche, die eng miteinander verzahnt sind und für fundierte Handelsentscheidungen unerlässlich sind. Ein Trader sollte die Funktionsweise der Märkte verstehen, verschiedene Anlageklassen kennen und die Faktoren, die Kursbewegungen beeinflussen, analysieren können. Dazu gehört das Verständnis von Angebot und Nachfrage, der Einfluss von Nachrichten und Wirtschaftsdaten sowie die Rolle von Psychologie und Marktteilnehmerverhalten. Ein wichtiger Aspekt ist die Kenntnis verschiedener Ordertypen. Market-Orders werden zum aktuellen Marktpreis ausgeführt, während Limit-Orders nur zu einem vorher festgelegten Preis oder besser ausgeführt werden. Stop-Loss-Orders begrenzen potenzielle Verluste, indem sie eine automatische Verkaufsorder auslösen, wenn der Kurs unter ein bestimmtes Niveau fällt. Ein Trader, der diese Ordertypen gezielt einsetzt, kann sein Risiko besser managen und seine Handelsstrategie optimieren. Technische Analyse ist ein weiteres wichtiges Werkzeug. Hierbei werden Charts und Indikatoren verwendet, um historische Kursmuster zu identifizieren und zukünftige Preisentwicklungen vorherzusagen. Gängige Indikatoren sind gleitende Durchschnitte, die den durchschnittlichen Kurs über einen bestimmten Zeitraum anzeigen und das Relative Strength Index (RSI), welches die Stärke eines Trends misst. Ein Blick auf den 50-Tage-Durchschnitt einer Aktie kann beispielsweise Aufschluss über den mittelfristigen Trend geben. Die Interpretation solcher Indikatoren erfordert Übung und Erfahrung, bietet aber wertvolle Einblicke in die Marktlage.

Kurs-Gewinn-Verhältnis [i1]

Fundamentalanalyse hingegen betrachtet die wirtschaftliche Lage von Unternehmen und Branchen. Kennzahlen wie das Kurs-Gewinn-Verhältnis (KGV) oder die Eigenkapitalquote geben Aufschluss über die finanzielle Gesundheit eines Unternehmens. Ein niedriges KGV kann auf eine Unterbewertung hindeuten, während eine hohe Eigenkapitalquote auf eine solide Finanzstruktur schließen lässt. Diese Informationen helfen bei der Auswahl vielversprechender Investitionen. Risikomanagement ist ein elementarer Bestandteil des Tradings. Kein Trader kann jeden Trade gewinnen, daher ist es entscheidend, das Risiko pro Trade zu begrenzen. Eine gängige Regel besagt, maximal 1% des Gesamtkapitals pro Trade zu riskieren. Bei einem Kapital von 10.000 Euro sollte der maximale Verlust pro Trade also 100 Euro betragen. Dies schützt das Kapital vor großen Verlusten und ermöglicht langfristiges Trading.

Neben diesen Kernbereichen gibt es weitere wichtige Aspekte, die zum Aufbau eines soliden Wissensfundaments beitragen. Dazu gehören:
- Verständnis von Handelsstrategien: Von Daytrading bis Value Investing gibt es zahlreiche Strategien, die unterschiedliche Zeithorizonte und Risikoprofile abdecken. Eine Strategie sollte zum individuellen Trading-Stil und den persönlichen Zielen passen.
- Kenntnis der Handelsplattformen: Die Auswahl der richtigen Handelsplattform ist entscheidend für effizientes Trading. Die Plattform sollte benutzerfreundlich sein und die benötigten Tools und Funktionen bieten, wie z.B. Charting-Software und Realtime-Kurse.
- Weiterbildung: Der Markt entwickelt sich ständig weiter, daher ist kontinuierliches Lernen unerlässlich. Bücher, Online-Kurse und Webinare bieten die Möglichkeit, das Wissen zu vertiefen und neue Entwicklungen zu verfolgen. Ein regelmäßiger Austausch mit anderen Tradern kann ebenfalls wertvolle Erkenntnisse liefern.
- Psychologie: Emotionen wie Angst und Gier können im Trading zu irrationalen Entscheidungen führen. Disziplin und ein klarer Handelsplan sind wichtig, um Emotionen im Zaum zu halten und objektive Entscheidungen zu treffen. Ein Trading-Journal, in dem alle Trades dokumentiert werden, kann helfen, die eigene Performance zu analysieren und Fehler zu identifizieren.

Der Aufbau eines soliden Wissensfundaments erfordert Zeit und Engagement. Es ist ein kontinuierlicher Prozess, der durch Lernen, Üben und Erfahrung geprägt ist. Ein fundiertes Wissen bildet die Basis für fundierte Handelsentscheidungen und erhöht die Wahrscheinlichkeit langfristigen Erfolgs im Trading. Ein Trader, der die Märkte versteht, seine Risiken kontrolliert und kontinuierlich lernt, ist auf dem besten Weg, seine Trading-Ziele zu erreichen. Die Investition in Wissen ist die beste Investition, die ein Trader tätigen kann.

Gut zu wissen

Eigenkapitalquote

Die Eigenkapitalquote gibt den Anteil des Eigenkapitals am Gesamtkapital eines Unternehmens an. Eine hohe Eigenkapitalquote deutet auf eine solide Finanzstruktur und geringere Abhängigkeit von Fremdkapital hin.

Gleitende Durchschnitte

Gleitende Durchschnitte glätten Kursschwankungen und zeigen den durchschnittlichen Kurs über einen bestimmten Zeitraum. Sie helfen, Trends zu erkennen und potenzielle Ein- und Ausstiegspunkte zu identifizieren.

Stop-Loss-Order

Stop-Loss-Orders minimieren das Verlustrisiko, indem sie eine automatische Verkaufsorder auslösen, sobald der Kurs unter einen festgelegten Stop-Preis fällt. Dies schützt das Kapital vor größeren Verlusten, besonders in volatilen Märkten.

Trading-Journal

Ein Trading-Journal dient der Dokumentation aller Trades, einschließlich Ein- und Ausstiegspunkten, Gewinnen und Verlusten sowie den Beweggründen für die Handelsentscheidungen. Es hilft, die eigene Performance zu analysieren und Fehler zu vermeiden.

Value Investing

Value Investing ist eine langfristige Anlagestrategie, bei der unterbewertete Unternehmen identifiziert und deren Aktien langfristig gehalten werden.

Effektivität von Trading-Lernressourcen

Vergleich der Effektivität von Lernressourcen für Swing-Trading und Orderflow.

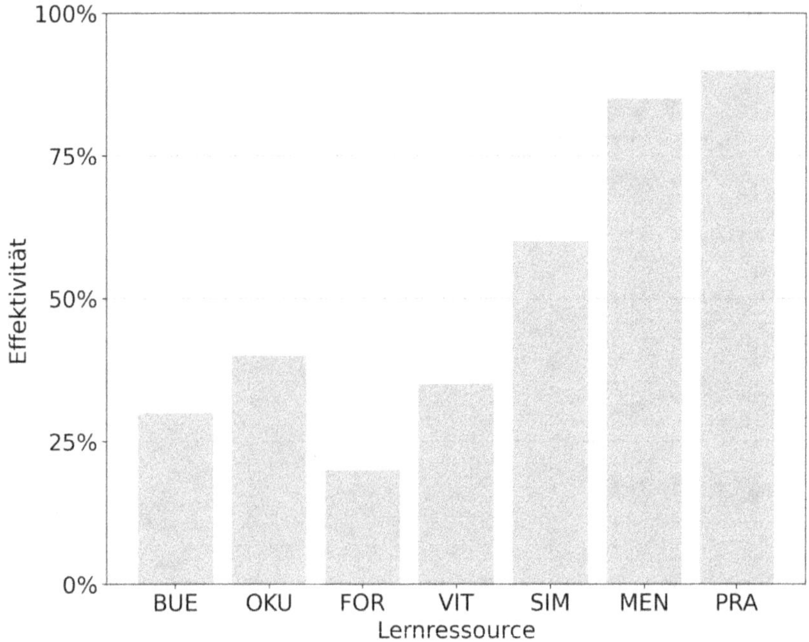

BUE: Bücher

MEN: Mentoring-Programme

PRA: Praktische Anwendung/Live-Handel

VIT: Video-Tutorials

FOR: Foren/Communities

OKU: Online-Kurse

SIM: Simulatoren/Papierhandel

Mentoring und praktische Anwendung zeigen eine deutlich höhere Effektivität im Vergleich zu anderen Ressourcen. Online-Kurse und Bücher bieten zwar ein grundlegendes Verständnis, ihnen fehlt jedoch die persönliche Betreuung und die praktische Erfahrung, die für einen dauerhaften Handelserfolg erforderlich sind. Foren und Communities können hilfreiche Ergänzungen sein, aber ihre Effektivität ist begrenzt, wenn keine solide Wissensbasis und kein strukturierter Lernansatz vorhanden sind. Die Daten deuten darauf hin, dass aktives Lernen durch Mentoring und simulierten oder realen Handel entscheidend für die Entwicklung profitabler Handelsstrategien ist.

Entwicklung eines persönlichen Lernplans

Einen individuellen Lernplan für das Trading zu entwickeln, erfordert Struktur und Anpassung an die eigenen Bedürfnisse. Beginnen Sie mit einer Bestandsaufnahme Ihrer aktuellen Kenntnisse und definieren Sie klare Lernziele. Wollen Sie sich auf daytrading konzentrieren oder langfristige Investitionen tätigen? Interessieren Sie sich für Aktien, Devisen oder Rohstoffe? Die Antworten auf diese Fragen bestimmen die Richtung Ihres Lernpfades. Erstellen Sie anschließend einen Zeitplan, der regelmäßige Lerneinheiten beinhaltet. Auch kurze, tägliche Sessions sind effektiver als sporadisches Lernen. Integrieren Sie verschiedene Lernmethoden wie das Lesen von Fachbüchern, das Ansehen von Webinaren oder die Teilnahme an Online-Kursen. Praktische Erfahrung durch den Handel mit einem Demokonto ist unerlässlich, um das Gelernte anzuwenden und zu vertiefen. Analysieren Sie Ihre Trades im Demokonto, um Stärken und Schwächen zu identifizieren und Ihre Strategie anzupassen. Die Anwendung von Machine-Learning-Modellen kann dabei helfen, präzise numerische Vorhersagen für die nächsten Tagesrenditen zu erstellen und so die Grundlage für profitable Handelsstrategien zu bilden [s1]. Die Auswahl des passenden Modells ist dabei entscheidend [s1]. Dokumentieren Sie Ihre Fortschritte und passen Sie Ihren Lernplan regelmäßig an Ihre Bedürfnisse und die Marktbedingungen an. Ein strukturierter Lernplan, kombiniert mit kontinuierlicher Praxis und Reflexion, bildet das Fundament für Ihren Erfolg im Trading. Z.B. könnte ein Wochenplan feste Zeiten für Chartanalyse, das Lesen von Finanznachrichten und das Üben im Demokonto vorsehen.

Rohstoff [i2]

Lernzeitaufteilung

Zeitaufteilung für das Erlernen von Handelsstrategien.

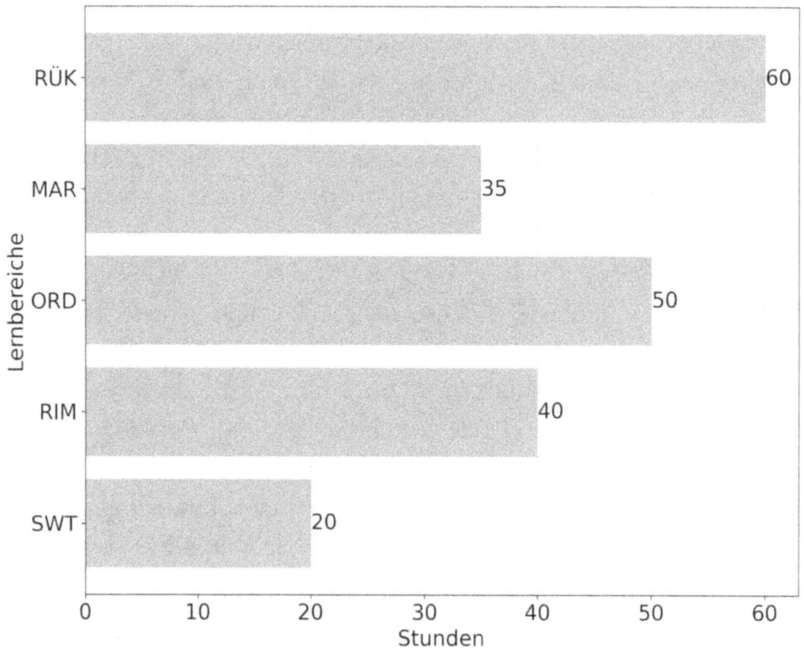

MAR: Marktmechanik
RIM: Risikomanagement
SWT: Swing-Trading
ORD: Order-Flow
RÜK: Rückprüfung

Das Diagramm zeigt eine beträchtliche Zeitinvestition in Swing-Trading und Order-Flow-Techniken, was auf einen Fokus auf diese spezifischen Strategien hindeutet. Das Verständnis der Marktmechanik und des Risikomanagements wird ebenfalls priorisiert, was auf einen abgerundeten Lernansatz schließen lässt. Während Backtesting weniger im Fokus steht, wird es dennoch berücksichtigt, was ein Bewusstsein für seine Bedeutung bei der Validierung von Strategien zeigt.

Übungshandel mit Musterdepot

Der Übungshandel mit einem Musterdepot ist unerlässlich, um die im vorherigen Kapitel beschriebenen theoretischen Grundlagen praktisch zu erproben und Trading-Fertigkeiten zu entwickeln, ohne eigenes Kapital zu riskieren. Ein solches Depot simuliert reale Marktbedingungen und bietet Zugriff auf die gängigen Handelsinstrumente, Ordertypen und Charting-Tools. Dadurch können angehende Trader Strategien testen, Marktmechanismen verstehen lernen und ein Gefühl für Timing und Risikomanagement entwickeln. Im virtuellen Umfeld des Musterdepots lassen sich verschiedene Szenarien durchspielen – beispielsweise der Handel mit Aktien, Devisen oder Rohstoffen, die Anwendung von Indikatoren wie gleitende_durchschnitte oder RSI, sowie das Testen unterschiedlicher Handelsstrategien wie Daytrading oder value_investing. Ein wichtiger Aspekt ist dabei die systematische Analyse der simulierten Trades. Führen Sie ein virtuelles Trading-Journal, in dem Sie jeden Trade dokumentieren, inklusive Einstiegs- und Ausstiegspunkte, die zugrundeliegende Strategie und die resultierenden Gewinne oder Verluste. Durch die regelmäßige Auswertung dieses Journals erkennen Sie wiederkehrende Muster in Ihrem Handelsverhalten, identifizieren Stärken und Schwächen und optimieren so Ihre Strategie. Z.B. könnten Sie feststellen, dass Sie bei bestimmten Marktbedingungen oder unter dem Einfluss bestimmter Emotionen wiederholt Fehlentscheidungen treffen. Diese Erkenntnisse sind im realen Handel bares Geld wert, da sie Ihnen helfen, disziplinierter zu handeln und emotionale Fehlentscheidungen zu vermeiden. Der Übungshandel im Musterdepot dient auch dazu, die gewählte Handelsplattform in all ihren Funktionen kennenzulernen. Experimentieren Sie mit verschiedenen Ordertypen, testen Sie die Charting-Tools und machen Sie sich mit den Möglichkeiten der Plattform vertraut, bevor Sie echtes Geld einsetzen. Nur wer die Werkzeuge seines Handwerks beherrscht, kann erfolgreich am Markt agieren. Die Dauer der Übungsphase im Musterdepot ist individuell und hängt von den Lernfortschritten ab. Es ist ratsam, solange zu üben, bis sich eine konsistente Profitabilität im virtuellen

Handel einstellt und Sie sich sicher im Umgang mit der Plattform und der gewählten Strategie fühlen. Ein virtueller Erfolg garantiert zwar keinen realen Erfolg, aber er legt ein solides Fundament für den späteren Handel mit echtem Kapital. Denken Sie daran, dass der Übungshandel im Musterdepot eine wertvolle Möglichkeit bietet, Erfahrung zu sammeln und sich auf die Herausforderungen des realen Marktes vorzubereiten, ohne finanzielle Risiken einzugehen. Nutzen Sie diese Chance, um Ihr Wissen zu vertiefen, Ihre Fähigkeiten zu verbessern und Ihre Trading-Strategie zu optimieren. So schaffen Sie die bestmöglichen Voraussetzungen für einen erfolgreichen Start ins reale Trading. Z.B. könnten Sie sich ein virtuelles Kapital von 10.000 Euro setzen und Ihre Strategie über einen Zeitraum von drei Monaten im Musterdepot testen. Analysieren Sie anschließend Ihre Ergebnisse und ziehen Sie daraus Schlüsse für die weitere Optimierung Ihrer Strategie.

Simulierte Handelsperformance

Performance-Wachstum im Zeitverlauf durch Swing-Trading und Orderflow-Techniken.

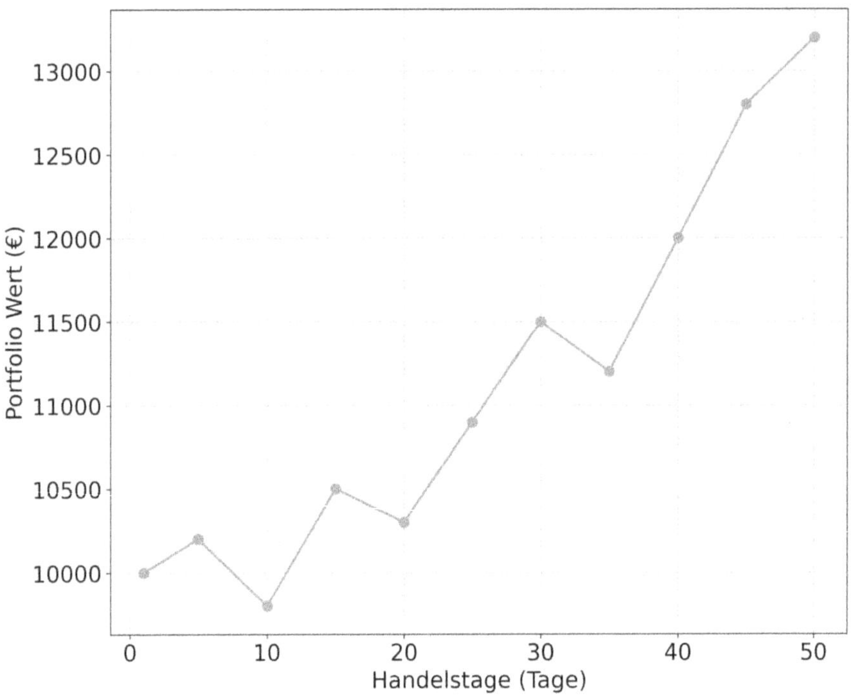

Das Diagramm zeigt einen allgemein steigenden Trend des Portfoliowertes, was auf eine erfolgreiche Anwendung der erlernten Handelsstrategien hindeutet. Perioden mit flachen oder leicht negativen Renditen sind sichtbar, was die inhärente Volatilität der Märkte und die Bedeutung des Risikomanagements unterstreicht. Die zunehmende Steigung gegen Ende des Zeitrahmens könnte auf eine verbesserte Handelskompetenz im Laufe der Zeit hindeuten.

Konkrete Ratschläge

- Verfolgen Sie Experten im Börsenhandel auf sozialen Medien und analysieren Sie deren öffentliche Trades.
- Erstellen Sie sich eine eigene Watchlist mit Aktien, die Sie interessieren und beobachten Sie deren Kursentwicklung über einen längeren Zeitraum.
- Simulieren Sie reale Handelssituationen, indem Sie im Musterdepot zu bestimmten Uhrzeiten Orders platzieren, als würden Sie live handeln.
- Besuchen Sie virtuelle oder reale Börsenveranstaltungen und vernetzen Sie sich mit anderen Tradern, um von deren Erfahrungen zu lernen.
- Entwickeln Sie ein Bewertungssystem für Ihre Trades im Musterdepot, das über Gewinn und Verlust hinausgeht und Aspekte wie Risikomanagement und Timing berücksichtigt.
- Setzen Sie sich im Musterdepot bewusst unter Zeitdruck, um Ihre Reaktionen in Stresssituationen zu trainieren und zu analysieren.
- Konzentrieren Sie sich im Musterdepot zunächst auf wenige ausgewählte Anlageklassen, um ein tiefes Verständnis für deren Besonderheiten zu entwickeln.
- Reflektieren Sie Ihre Trades im Musterdepot regelmäßig und notieren Sie Ihre emotionalen Zustände während des Handels, um Ihre psychologischen Einflussfaktoren zu verstehen.
- Nutzen Sie die Chartsoftware Ihres Musterdepots, um eigene Chartanalysen durchzuführen und diese mit professionellen Analysen zu vergleichen.
- Erstellen Sie sich einen Notfallplan für Ihr Musterdepot, der Ihre Handlungsschritte bei unerwarteten Marktereignissen definiert.

1. 2 Marktanalyse und Handelsinstrumente

Marktanalyse ist der Schlüssel zu fundierten Handelsentscheidungen. Sie umfasst sowohl die technische Analyse von Kursmustern und Indikatoren als auch die fundamentale Bewertung von Vermögenswerten. Beide Ansätze bergen Herausforderungen: Technische Signale können irreführend sein, fundamentale Daten komplex. Die Wahl der richtigen Handelsinstrumente und -plattformen beeinflusst zudem maßgeblich den Erfolg. Effektive Marktanalyse erfordert daher ein Verständnis der jeweiligen Stärken und Schwächen der verschiedenen Methoden. Die Kombination von technischer und fundamentaler Analyse kann helfen, Fehlentscheidungen zu minimieren und Chancen zu identifizieren. Auch die richtige Auswahl und Nutzung von Handelsplattformen und Ordertypen spielt eine entscheidende Rolle. Bereit, die Märkte zu analysieren und die passenden Werkzeuge für Ihren Erfolg zu entdecken? Dann lesen Sie weiter!

Die Kombination von Fundamentalanalyse und technischer Analyse ermöglicht fundiertere Handelsentscheidungen und optimiert das Risiko-Rendite-Profil.

Technische Analysemethoden

Technische Analyse untersucht Kursverläufe und Handelsvolumina, um zukünftige Preisbewegungen vorherzusagen. Sie basiert auf der Annahme, dass historische Muster sich wiederholen und Marktstimmung sowie Angebot und Nachfrage im Preis reflektiert werden. [s2] Chartmuster, wie Kopf-Schulter-Formationen oder Doppelböden, geben Hinweise auf Trendwenden oder -fortsetzungen. Technische Indikatoren liefern zusätzliche Informationen. So misst der Relative Stärke Index (RSI) die Geschwindigkeit und das Ausmaß von Kursänderungen, um überkaufte oder überverkaufte Marktbedingungen zu identifizieren. Ein hoher RSI-Wert, beispielsweise über 70, deutet auf einen überkauften Markt hin, was ein Verkaufssignal sein kann. Umgekehrt signalisiert ein niedriger RSI-Wert, etwa unter 30, einen überverkauften Markt und damit eine Kaufgelegenheit. [s2] Ähnlich funktioniert der Stochastische Oszillator, der den aktuellen Schlusskurs mit der Kursspanne einer bestimmten Periode vergleicht. Durch die Kombination verschiedener Indikatoren und Chartmuster können Trader fundiertere Handelsentscheidungen treffen. Momentum-Strategien, die auf kontinuierlich steigenden Kursen und überkauften Signalen basieren, können im Aktienmarkt besonders effektiv sein. Hierbei werden Aktien gekauft, die stark im Aufwärtstrend sind, in der Erwartung, dass der Trend anhält. Ergänzend zu technischen Indikatoren können fundamentale Daten, wie Unternehmensgewinne oder Branchenaussichten, die Analyse unterstützen. [s2] Konträre Strategien hingegen setzen auf fallende Kurse und überverkaufte Signale. Trader kaufen Aktien, die stark gefallen sind, in der Annahme, dass sie unterbewertet sind und sich erholen werden. Eine Kombination aus überverkauftem RSI und einem Doppelboden im Chart könnte ein solches Kaufsignal darstellen. Die Anwendung von technischen Indikatoren kann zu höheren Renditen führen, als wenn Entscheidungen ausschließlich auf Marktinformationen basieren. [s2] Dies deutet darauf hin, dass Märkte nicht vollständig effizient sind und historische Daten wertvolle Einblicke in zukünftige Preisentwicklungen liefern. Dabei ist zu beachten, dass die technische Analyse keine Garantie für Gewinne bietet. Vielmehr dient sie als Werkzeug, um die Wahrscheinlichkeit erfolgreicher Trades zu erhöhen. Um das Risiko zu minimieren, sollten Trader immer stoplossorders verwenden, die Verluste begrenzen, indem sie Positionen automatisch schließen, wenn der Kurs unter ein bestimmtes Niveau fällt. Die Kombination von technischer Analyse mit Risikomanagement-Tools ist entscheidend für langfristigen Erfolg im Trading. Disziplin und kontinuierliche Weiterbildung sind ebenfalls unerlässlich, um die eigenen Fähigkeiten im Umgang mit technischen Analysemethoden zu verbessern und an sich verändernde Marktbedingungen anzupassen.

Stochastischer Oszillator [i3]

Gut zu wissen

Konträre Strategien

Konträre Strategien basieren auf der Annahme, dass überverkaufte Assets sich erholen werden. Sie nutzen fallende Kurse und überverkaufte Signale, um Positionen zu eröffnen.

Momentum-Strategien

Momentum-Strategien zielen darauf ab, von anhaltenden Aufwärtstrends zu profitieren, indem Positionen in Aktien eingegangen werden, die bereits stark gestiegen sind, in der Erwartung weiterer Kursgewinne.

Relative Stärke Index

Der Relative Stärke Index (RSI) ist ein Oszillator, der die Geschwindigkeit und Veränderung von Kursbewegungen misst. Er hilft, überkaufte (mögliches Verkaufssignal) und überverkaufte (mögliches Kaufsignal) Marktbedingungen zu erkennen.

Stochastischer Oszillator

Der Stochastische Oszillator vergleicht den aktuellen Schlusskurs mit der Kursspanne einer bestimmten Periode, um überkaufte und überverkaufte Situationen zu identifizieren und Kauf- oder Verkaufssignale zu generieren.

Korrelation zwischen RSI und Preisbewegung

Veranschaulicht die Beziehung zwischen RSI-Werten und nachfolgenden Preisänderungen.

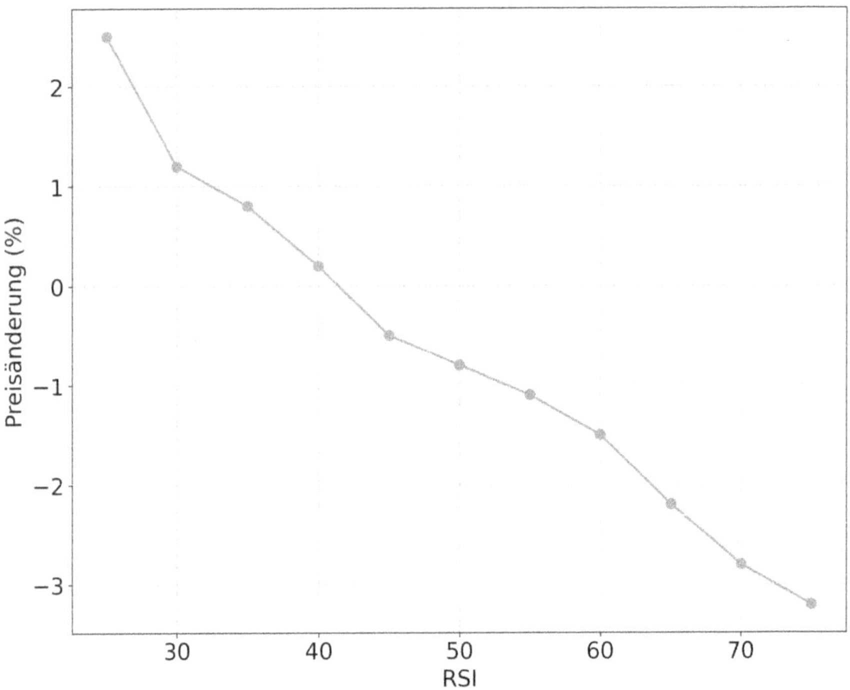

Das Diagramm zeigt eine moderate negative Korrelation zwischen RSI und Preisänderung. Niedrigere RSI-Werte tendieren dazu, positiven Preisbewegungen vorauszugehen, während höhere RSI-Werte oft negative Preisbewegungen antizipieren. Dies legt nahe, dass der RSI ein nützliches Werkzeug zur Identifizierung potenzieller Umkehrungen sein kann, wenn auch kein perfekter Prädiktor. Extreme RSI-Werte (<30 und >70) zeigen eine stärkere Vorhersagekraft.

Fundamentalanalyse für Händler

Fundamentalanalyse betrachtet die Faktoren, die den inneren Wert eines Vermögenswertes bestimmen. Anleger nutzen diese Methode, um Unternehmen und deren Aktien zu bewerten und so unter- oder überbewertete Titel zu identifizieren. Dabei analysieren sie Kennzahlen wie das Kurs-Gewinn-Verhältnis (KGV), das Kurs-Buchwert-Verhältnis (KBV) und die Dividendenrendite. Ein niedriges KGV im Vergleich zu Branchenkonkurrenten könnte auf eine Unterbewertung hindeuten. Zusätzlich zu Finanzkennzahlen fließen auch qualitative Faktoren in die Analyse ein, wie die Qualität des Managements, die Wettbewerbslandschaft und die Branchenaussichten. Die Fundamentalanalyse ist besonders für langfristig orientierte Anleger relevant, die auf Wertsteigerung durch Unternehmenswachstum und Dividendenausschüttungen setzen. Institutionelle Investoren, wie Fondsgesellschaften oder Pensionskassen, nutzen die Fundamentalanalyse, um fundierte Investitionsentscheidungen zu treffen und zur Preisfindung am Markt beizutragen. [s3] Ihre Expertise und die Größe ihrer Transaktionen führen zu einem höheren Informationsanteil pro Auftrag im Vergleich zu Einzelanlegern. [s3] So tragen sie maßgeblich zur Informationsverarbeitung und damit

zur Effizienz der Märkte bei. Auch die Liquidität der gehandelten Aktien spielt eine Rolle: Weniger liquide Titel tragen stärker zur Preisfindung bei, da hier Informationsasymmetrien eine größere Bedeutung haben. [s3] Für Händler, die eher kurzfristig agieren, bietet die Fundamentalanalyse einen Rahmen für die Bewertung von Markttrends und die Identifizierung potenzieller Einstiegs- und Ausstiegspunkte. Sie können fundamentale Daten nutzen, um die Signale der technischen Analyse zu validieren oder zu hinterfragen. So kann ein überverkauftes Signal im rsi in Kombination mit starken fundamentalen Daten ein attraktiveres Kaufsignal darstellen als ein rein technisches Signal. Die Kombination beider

Analysemethoden kann dazu beitragen, fundiertere Handelsentscheidungen zu treffen und das Risiko-Rendite-Profil zu optimieren.

Korrelation von Fundamentaldaten, Preis und Volumen

Zusammenhang zwischen Unternehmensfundamentaldaten, Aktienkurs und Handelsvolumen.

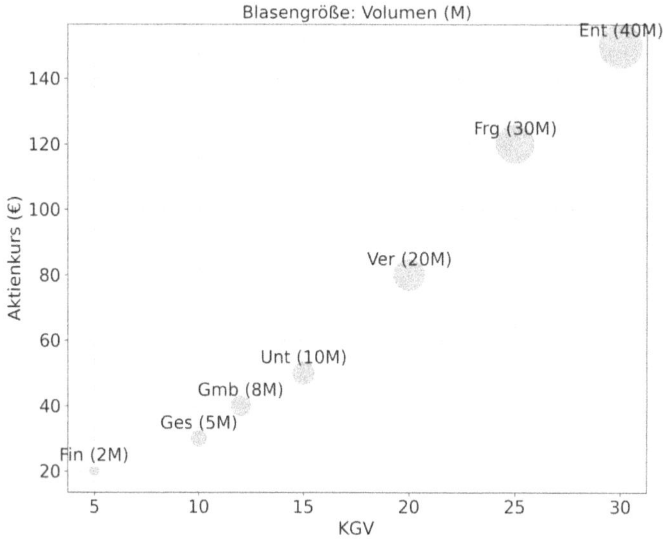

Blasengröße: Volumen (M)

Ent: Entwicklung Ent	Fin: Finanzwesen Fin
Frg: Firma Frg	Ges: Gesellschaft Ges
Gmb: GmbH Gmb	Unt: Unternehmen Unt
Ver: Verein Ver	

Hohe KGV-Verhältnisse in Verbindung mit einem steigenden Handelsvolumen deuten oft auf cinc starke positive Stimmung hin, die möglicherweise durch Wachstumserwartungen getrieben wird. Umgekehrt können niedrige KGV-Verhältnisse mit sinkendem Volumen auf eine Unterbewertung oder ein Desinteresse der Anleger hindeuten. Große Blasen bedeuten eine hohe Handelsaktivität, die die Preistrends möglicherweise verstärkt, egal ob bullisch oder bärisch. Das Diagramm unterstreicht die Bedeutung der Berücksichtigung aller drei Faktoren bei Handelsentscheidungen, da das Volumen wertvolle Kontextinformationen zu Fundamentaldaten und Preisdaten liefern kann.

Handelsplattformen und Werkzeuge

Handelsplattformen bilden das zentrale Werkzeug für die Umsetzung von Handelsstrategien. Sie bieten Zugang zu Märkten, ermöglichen Orderausführung und stellen Informationen bereit. Die Auswahl der richtigen Plattform beeinflusst die Effizienz und den Erfolg der Handelsaktivitäten. Funktionalitäten wie Charting-Tools, Realtime-Kurse und die Möglichkeit, verschiedene Ordertypen zu platzieren (unter anderem Limit-Orders, stoplossorders), sind für die Umsetzung komplexerer Strategien unerlässlich. Professionelle Plattformen bieten oft auch programmierbare Schnittstellen (APIs), die automatisierten Handel ermöglichen. Darüber hinaus integrieren einige Plattformen inzwischen auch soziale Komponenten, die den Austausch mit anderen Händlern erlauben. [s4] So können weniger erfahrene Anleger von den Strategien anderer Marktteilnehmer lernen, gleichzeitig steigt aber auch das Risiko, durch den Vergleich mit vermeintlich erfolgreicheren Händlern zu impulsivem Handeln verleitet zu werden. Die eigene Handelsleistung sollte daher primär an den individuellen Zielen und Risikopräferenzen gemessen werden, nicht am Erfolg anderer. Zusätzlich zu den Basisfunktionen bieten viele Plattformen auch spezifische Tools für die technische und fundamentale Analyse. Integrierte Screener erlauben die Suche nach Aktien, die bestimmte Kriterien erfüllen, während Nachrichtenfeeds aktuelle Informationen liefern, die Handelsentscheidungen beeinflussen können. Die Informationsflut auf solchen Plattformen, insbesondere auf solchen mit sozialen Komponenten, kann jedoch auch zu kognitiver Überlastung führen. [s5] Eine klare Strategie und die Fokussierung auf relevante Informationen sind daher entscheidend für den Erfolg. Bevor man sich für eine Plattform entscheidet, ist es ratsam, verschiedene Angebote zu testen und die Demoversionen zu nutzen, um die Funktionalitäten risikofrei kennenzulernen. Die Auswahl sollte an den individuellen Bedürfnissen, der Handelserfahrung und den gehandelten Instrumenten ausgerichtet sein. Ein Anleger, der primär langfristige Aktienanlagen

tätigt, benötigt andere Tools als ein Daytrader, der mit Derivaten handelt. Die Benutzeroberfläche sollte intuitiv gestaltet sein, um schnelle und effiziente Handelsentscheidungen zu ermöglichen. [s6] Insbesondere für aktive Händler ist die Stabilität und Zuverlässigkeit der Plattform von entscheidender Bedeutung, um Ausführungsfehler und verpasste Handelschancen zu vermeiden.

Charting-Tools [i4]

Gut zu wissen

Demoversion

Eine Demoversion ist eine kostenlose Testversion einer Software oder Plattform, die es Benutzern ermöglicht, die Funktionen und Merkmale risikofrei auszuprobieren, bevor sie sich für den Kauf oder die Nutzung der Vollversion entscheiden.

Derivate

Derivate sind Finanzinstrumente, deren Wert von einem Basiswert abgeleitet ist, z. B. einer Aktie, einem Rohstoff oder einem Index. Beispiele für Derivate sind Futures-Kontrakte, Optionen und Swaps.

Limit-Order

Eine Limit-Order ist eine Order zum Kauf oder Verkauf eines Wertpapiers zu einem bestimmten Preis oder besser. Eine Kauf-Limit-Order kann nur zu dem festgelegten Limitpreis oder niedriger ausgeführt werden, während eine Verkaufs-Limit-Order nur zu dem festgelegten Limitpreis oder höher ausgeführt werden kann.

Vergleich der Funktionen von Handelsplattformen

Vergleich von Handelsplattformen nach Funktionsumfang.

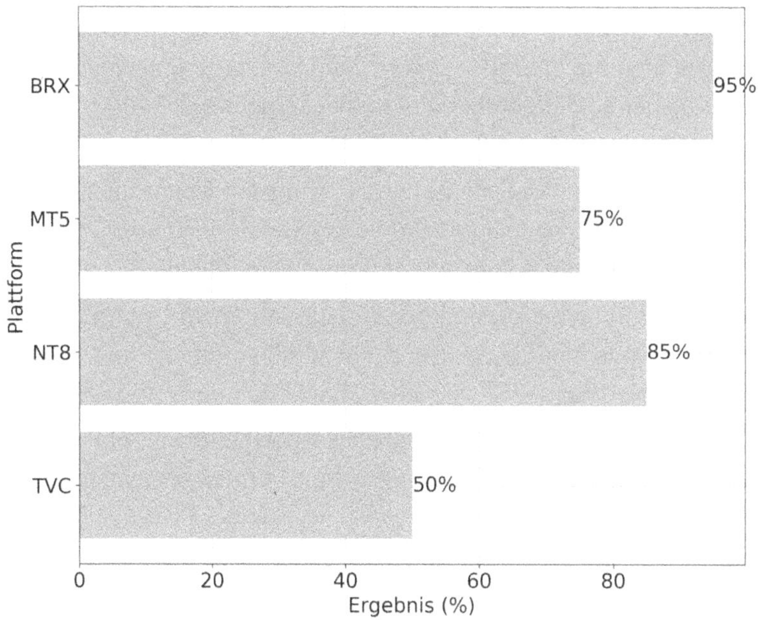

BRX: Broker X

MT5: MetaTrader 5

NT8: NinjaTrader 8

TVC: TradingView

TradingView führt in der Gesamtfunktionalität und zeichnet sich durch Charting- und Analysetools aus. MetaTrader 5 folgt dicht dahinter und bietet eine robuste Plattform mit erweiterten Ordertypen und algorithmischen Handelsfunktionen. NinjaTrader zeichnet sich durch seinen Fokus auf Anpassung und Orderflow-Tools aus. Broker X bietet zwar eine einfache, benutzerfreundliche Erfahrung, es fehlen jedoch die erweiterten Funktionen der anderen Plattformen. Dies deutet darauf hin, dass Händler Plattformen basierend auf ihren individuellen Bedürfnissen und ihrem Handelsstil priorisieren sollten.

Konkrete Ratschläge

- ○ Analysieren Sie die Handelsvolumina ausgewählter Aktien, um deren Liquidität und potenzielle Kursschwankungen einzuschätzen.
- ○ Entwickeln Sie eigene Handelsregeln basierend auf der Kombination von zwei Indikatoren, zum Beispiel RSI und gleitenden Durchschnitten.
- ○ Beobachten Sie die Entwicklung des Marktes zu unterschiedlichen Tageszeiten und identifizieren Sie wiederkehrende Muster im Handelsvolumen oder der Volatilität.
- ○ Erstellen Sie eine Tabelle mit den wichtigsten Kennzahlen Ihrer bevorzugten Branche und vergleichen Sie die Werte der Unternehmen, um potenzielle Investitionsmöglichkeiten zu finden.
- ○ Verfolgen Sie die Nachrichtenlage zu bestimmten Unternehmen oder Branchen und analysieren Sie deren Einfluss auf die Kursentwicklung.
- ○ Nutzen Sie die Demoversion einer Handelsplattform, um verschiedene Ordertypen wie Stop-Limit-Orders zu testen und deren Funktionsweise zu verstehen.
- ○ Dokumentieren Sie Ihre Handelsentscheidungen und die dahinterliegende Begründung, um Ihre Strategie im Laufe der Zeit zu optimieren.
- ○ Definieren Sie klare Ein- und Ausstiegsregeln für Ihre Trades, um emotionale Entscheidungen zu vermeiden.
- ○ Setzen Sie sich realistische Gewinnziele und akzeptieren Sie Verluste als Teil des Handelsprozesses.

1. 3 Risikomanagement im Börsenhandel

Im Börsenhandel ist Risikomanagement essentiell für den langfristigen Erfolg und den Schutz Ihres Kapitals. Es umfasst díe systematische Berechnung der Positionsgröße, die auf Ihrer persönlichen Risikotoleranz, Stop-Loss-Levels und der Volatilität des Marktes basiert. Falsche Entscheidungen in diesem Bereich können zu erheblichen Verlusten führen. Neben der Positionsgrößenbestimmung spielen Verlustbegrenzungsstrategien wie Stop-Loss-Orders und Hedging eine entscheidende Rolle. Diese Techniken helfen, Verluste zu minimieren und Ihr Kapital zu schützen, selbst in turbulenten Marktphasen. Meistern Sie das Risikomanagement und legen Sie den Grundstein für nachhaltiges Trading. Die folgenden Kapitel liefern Ihnen das nötige Wissen und die Werkzeuge, um Ihre Risiken effektiv zu kontrollieren und Ihre Trading-Strategien zu optimieren.

Effektives Risikomanagement im Börsenhandel erfordert eine dynamische Kombination aus Positionsgrößenberechnung, Stop-Loss-Management, Diversifikation und kontinuierlicher Strategieanpassung, angepasst an die jeweilige Risikobereitschaft und die Marktbedingungen.

Positionsgrößenberechnung

Positionsgrößenberechnung schützt Ihr Kapital vor zu hohen Verlusten in einzelnen Trades. Sie legt fest, wie viel Kapital Sie in einen einzelnen Trade investieren. Anstatt willkürlich zu entscheiden, wie viele Aktien oder Kontrakte Sie kaufen, basiert die Positionsgröße auf Ihrem Risikotoleranz und dem Stop-Loss-Level. Der Stop-Loss, eine automatische Verkaufsorder, begrenzt den potenziellen Verlust, falls sich der Markt gegen Sie bewegt. Der Abstand zwischen Ihrem Einstiegspreis und dem Stop-Loss bestimmt Ihr Risiko pro Aktie. Ein fester Prozentsatz Ihres Handelskapitals, etwa 1% oder 2%, definiert Ihr maximales Risiko pro Trade. Dieser Prozentsatz hängt von Ihrer persönlichen Risikobereitschaft ab. Konservative Trader wählen einen kleineren Prozentsatz, während risikofreudige Trader einen höheren Wert akzeptieren. Aus dem maximalen Risiko pro Trade und dem Risiko pro Aktie lässt sich die Positionsgröße berechnen. Wenn Sie etwa ein Handelskapital von 10.000 $ haben und 1% pro Trade riskieren möchten, beträgt Ihr maximales Risiko 100 $. Handeln Sie eine Aktie, bei der der Abstand zwischen Einstieg und Stop-Loss 0,50 $ beträgt, können Sie 200 Aktien kaufen (100 $ / 0,50 $ = 200). Übersteigt der Verlust pro Aktie Ihren festgelegten Wert, müssen Sie die Positionsgröße reduzieren. Neben dem Stop-Loss und der Risikotoleranz beeinflussen weitere Faktoren die Positionsgrößenberechnung. Die Volatilität des gehandelten Instruments ist entscheidend. Hohe Volatilität bedeutet größere Kursschwankungen und somit ein höheres Risiko. In volatilen Märkten ist eine kleinere Positionsgröße ratsam, um das Risiko zu begrenzen. Handeln Sie etwa eine Aktie mit starken Kursschwankungen, sollten Sie trotz eines identischen Stop-Loss-Abstands weniger Aktien kaufen als bei einem weniger volatilen Wertpapier. Die Korrelation zwischen verschiedenen Positionen im Portfolio ist ebenfalls relevant. Hohe Korrelation bedeutet, dass sich die Positionen ähnlich entwickeln. Bei einem Portfolio mit stark korrelierten Positionen ist eine kleinere

Positionsgröße pro Position ratsam, um das Gesamtrisiko zu kontrollieren. Diversifikation hilft, das Risiko zu streuen. Investieren Sie nicht Ihr gesamtes Kapital in einen einzigen Trade oder einen einzigen Markt. Verteilen Sie Ihr Kapital auf

verschiedene Anlageklassen, Branchen und Regionen. Je diversifizierter Ihr Portfolio, desto geringer das Risiko, durch einen einzelnen Verlust stark beeinträchtigt zu werden. Beachten Sie, dass Diversifikation allein keinen Schutz vor Verlusten in stark fallenden Märkten bietet. Sie mindert jedoch das Risiko einzelner Fehlinvestitionen. Die Positionsgrößenberechnung ist kein statischer Prozess. Sie erfordert ständige Anpassung an sich ändernde Marktbedingungen und Ihre individuelle Risikobereitschaft. Kontinuierliche Überwachung und Anpassung sind notwendig, um das Risiko effektiv zu managen. Entwickeln Sie eine systematische Vorgehensweise zur Positionsgrößenbestimmung und halten Sie sich konsequent daran. Notieren Sie Ihre Trades, inklusive Positionsgröße, Einstieg, Stop-Loss und Ausstieg, um Ihre Strategie im Zeitverlauf zu analysieren und zu optimieren. Disziplin und eine klare Strategie sind der Schlüssel zu langfristigem Erfolg im Börsenhandel. Ein tradingjournal hilft Ihnen, Ihre Entscheidungen zu reflektieren und aus Fehlern zu lernen. Analysieren Sie regelmäßig Ihre Trades und passen Sie Ihre Strategie gegebenenfalls an. Der Lernprozess im Trading ist kontinuierlich und die Anpassung Ihrer Strategie an neue Erkenntnisse ist entscheidend für Ihren Erfolg. Ein disziplinierter Umgang mit der Positionsgrößenberechnung hilft Ihnen, Ihr Kapital zu schützen und langfristig erfolgreich zu traden.

Gut zu wissen

Diversifikation

Diversifikation ist eine Risikomanagementstrategie, bei der das Kapital auf verschiedene Anlageklassen, Branchen und Regionen verteilt wird, um das Risiko zu streuen und die Auswirkungen von Verlusten in einem einzelnen Bereich zu minimieren.

Korrelation

Die Korrelation misst den Zusammenhang zwischen der Kursentwicklung zweier oder mehrerer Wertpapiere. Eine positive Korrelation bedeutet, dass sich die Kurse in die gleiche Richtung bewegen, während eine negative Korrelation bedeutet, dass sie sich in entgegengesetzte Richtungen bewegen.

Risikotoleranz

Die Risikotoleranz gibt an, wie viel Risiko ein Anleger oder Händler bereit ist einzugehen, um seine finanziellen Ziele zu erreichen. Sie hängt von verschiedenen Faktoren ab, wie z.B. der finanziellen Situation, dem Anlagehorizont und der persönlichen Einstellung zum Risiko.

Volatilität

Die Volatilität misst die Schwankungsbreite der Kurse eines Wertpapiers über einen bestimmten Zeitraum. Eine hohe Volatilität bedeutet, dass die Kurse stark schwanken, was sowohl Chancen als auch Risiken birgt.

Kapitalallokation nach Risikoklasse

Visualisierung der optimalen Kapitalallokation für Handelsstrategien basierend auf dem Risiko.

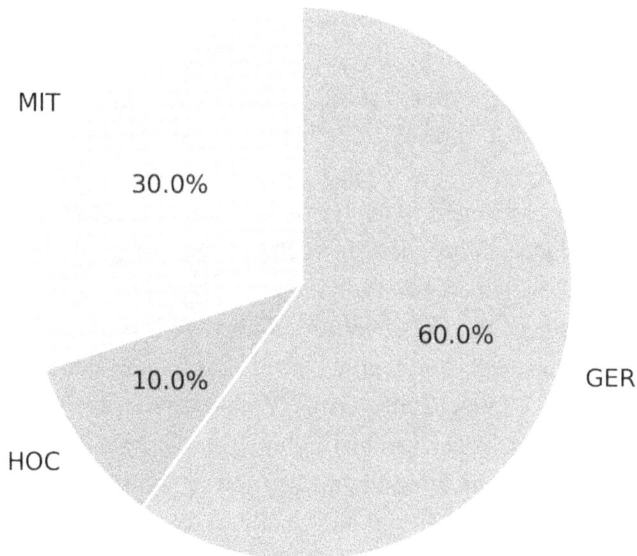

- GER: Gering-Risiko Strategien
- HOC: Hoch-Risiko Strategien
- MIT: Mittel-Risiko Strategien

Ein konservativer Ansatz ist erkennbar, da der Großteil des Kapitals Strategien mit geringem Risiko zugewiesen wird. Strategien mit mittlerem Risiko erhalten eine geringere Allokation, wodurch ein gewisses Kapitalwachstumspotenzial ermöglicht wird. Die minimale Allokation für Strategien mit hohem Risiko deutet auf einen Fokus auf Kapitalerhalt und einen disziplinierten Ansatz beim Risikomanagement hin. Dieser ausgewogene Ansatz zielt darauf ab, die Renditen zu maximieren und gleichzeitig potenzielle Verluste zu mindern, im Einklang mit den Prinzipien des Swing-Handels und der Orderflow-Techniken.

Verlustbegrenzungsstrategien

Verlustbegrenzung im Trading bedeutet, Strategien zu entwickeln und konsequent anzuwenden, um potenzielle Verluste zu minimieren und das Handelskapital zu schützen. Ein wichtiger Aspekt ist die bereits erwähnte Stop-Loss-Order. Sie dient als automatische Bremse, die Ihre Position schließt, sobald ein vorher festgelegter Kurs erreicht wird. Dieser Kurs markiert die Grenze Ihres akzeptablen Verlusts für diesen spezifischen Trade. Die Platzierung des Stop-Loss sollte nicht willkürlich erfolgen, sondern auf technischen Analysen oder fundamentalen Bewertungen basieren. Zudem sollte der festgelegte Stop-Loss-Kurs regelmäßig überprüft und gegebenenfalls angepasst werden, um den aktuellen Marktbedingungen zu entsprechen. Eine dynamische Anpassung des Stop-Loss, etwa durch ein Trailing-Stop, kann dazu beitragen, Gewinne abzusichern und gleichzeitig das Verlustrisiko zu begrenzen. Ein Trailing-Stop folgt der Kursentwicklung im Gewinnfall und wird erst bei einer Kursumkehr um einen definierten Betrag nachgezogen. So wird der Stop-Loss im Gewinnfall sukzessive angehoben, während er im Verlustfall unverändert bleibt. Neben der Stop-Loss-Order existieren weitere Instrumente zur Verlustbegrenzung. Hedging-Strategien, wie beispielsweise der Kauf von Put-Optionen, können das Risiko von Kursverlusten in einem Basiswert absichern. Put-Optionen verleihen dem Käufer das Recht, aber nicht die Pflicht, den Basiswert zu einem festgelegten Preis innerhalb einer bestimmten Zeitspanne zu verkaufen. Steigt der Kurs des Basiswerts, verfällt die Option wertlos, aber der potenzielle Verlust ist auf die Optionsprämie begrenzt. Fällt der Kurs hingegen, kann der Trader die Option ausüben und den Basiswert zum festgelegten Preis verkaufen, wodurch der Verlust begrenzt wird. [s7] Ein Verständnis der eigenen Risikobereitschaft ist für rationale Handelsentscheidungen unerlässlich. Emotionale Reaktionen auf Marktschwankungen können zu impulsiven und unüberlegten Handlungen führen, die das Verlustrisiko erhöhen. Eine systematische Vorgehensweise, die auf klaren Regeln und definierten Verlustgrenzen

basiert, hilft, Emotionen im Trading zu kontrollieren und diszipliniert zu handeln. Die Kombination aus Stop-Loss-Management und einem soliden Kapitalmanagement bildet die Grundlage für eine nachhaltige Handelskarriere. [s7] Ein weiterer Faktor ist die Berücksichtigung von technischen Indikatoren und Chartmustern. Diese Instrumente können Signale für Trendwenden oder erhöhte Volatilität liefern, die es erlauben, rechtzeitig Maßnahmen zur Verlustbegrenzung zu ergreifen. So kann ein Trader, der einen bevorstehenden Abwärtstrend erkennt, seine Positionen reduzieren oder schließen, bevor größere Verluste entstehen. Zudem ist eine regelmäßige Überprüfung und Anpassung der Handelsstrategie unerlässlich. Die Märkte sind dynamisch und was gestern funktioniert hat, kann heute unwirksam sein. Ein Trader sollte seine Strategie kontinuierlich an die aktuellen Marktbedingungen anpassen und aus vergangenen Fehlern lernen. Ein tradingjournal, in dem alle Trades dokumentiert werden, kann dabei helfen, die eigene Performance zu analysieren und die Handelsstrategie zu optimieren. Durch die Kombination verschiedener Verlustbegrenzungsstrategien und deren kontinuierliche Anpassung an die Marktbedingungen können Trader ihre Risiken minimieren und langfristig erfolgreich am Markt agieren.

Gut zu wissen

Hedging

Hedging-Strategien zielen darauf ab, das Risiko von Verlusten durch den Einsatz von Finanzinstrumenten wie Optionen oder Futures zu reduzieren.

Stop-Loss-Order

Eine Stop-Loss-Order ist eine Handelsorder, die automatisch eine Position schließt, wenn der Kurs ein bestimmtes Niveau erreicht, um Verluste zu begrenzen.

Technische Indikatoren

Technische Indikatoren sind mathematische Berechnungen, die auf Kurs- und/oder Volumendaten basieren und dazu dienen, Handelssignale zu generieren oder Trends zu bestätigen.

Trailing-Stop

Ein Trailing-Stop ist eine Art Stop-Loss-Order, die dem Kurs im Gewinnfall folgt und so Gewinne sichert, während sie gleichzeitig das Verlustrisiko begrenzt.

Stop-Loss Effektivität im Swing-Trading

Vergleich der Stop-Loss Methoden

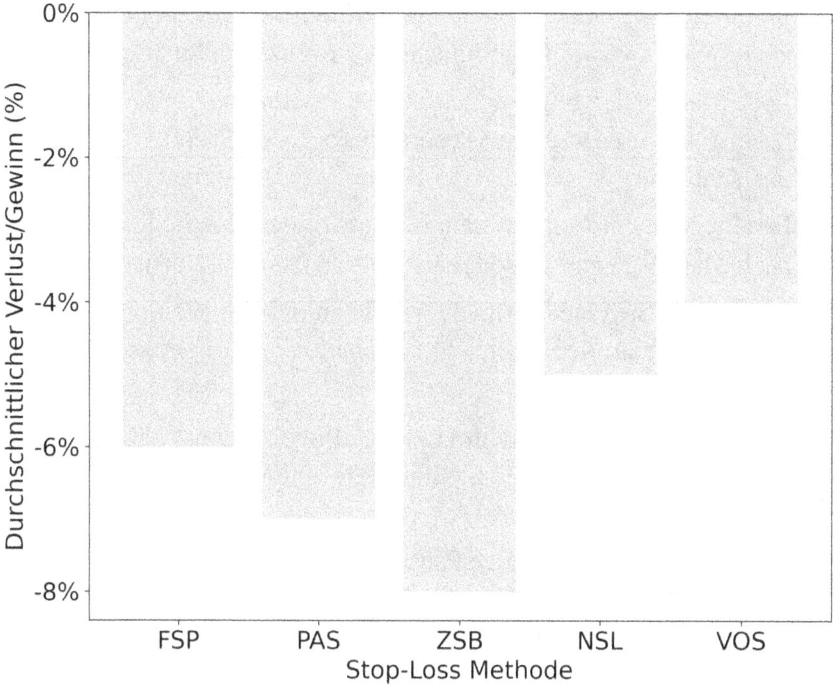

FSP: Festprozentiger Stop

PAS: Parabolische SAR

ZSB: Zeitbasierter Stop

NSL: Nachlaufender Stop-Loss

VOS: Volatilitäts-Stop

Das Diagramm zeigt deutlich die unterschiedliche Effektivität verschiedener Stop-Loss-Strategien. Während der zeitbasierte Stop den höchsten durchschnittlichen Verlust aufweist, erfasst er auch die größten Gewinne. Der Volatilitäts-Stop zeigt eine engere Kontrolle über Verluste, wobei einige potenzielle Gewinne geopfert werden. Der feste prozentuale Stop bietet ein Gleichgewicht zwischen Risiko und Ertrag. Händler sollten eine Strategie wählen, die ihrer Risikotoleranz und ihrem Handelsstil entspricht. Der optimale Stop-Loss-Ansatz kann auch je nach Marktbedingungen und spezifischen Eigenschaften des Vermögenswerts variieren.

Konkrete Ratschläge

- Visualisieren Sie Ihren maximalen Verlust pro Tag und pro Woche, um Ihre Risikobereitschaft zu überprüfen.
- Simulieren Sie einen Börsencrash in Ihrem Musterdepot und analysieren Sie, wie Ihre Strategie in Krisenzeiten funktioniert.
- Legen Sie Ihr Trading-Budget für einen definierten Zeitraum fest und behandeln Sie es wie einen separaten Topf, den Sie nicht überschreiten.
- Erstellen Sie ein Ampelsystem für Ihre Trades, das die Risikostufe je nach Marktlage und persönlicher Einschätzung visualisiert.
- Bestimmen Sie eine maximale Anzahl an offenen Positionen gleichzeitig, um Ihre Übersicht zu behalten und Überreaktionen zu vermeiden.
- Reflektieren Sie nach jedem Trade, ob Ihre Positionsgröße optimal gewählt war und justieren Sie Ihre Berechnungsmethode gegebenenfalls.
- Integrieren Sie regelmäßige Pausen in Ihren Trading-Alltag, um emotionale Entscheidungen durch Übermüdung zu vermeiden.
- Testen Sie Ihre Strategie im Musterdepot zunächst mit kleinen Geldbeträgen, um das reale Verlustrisiko zu minimieren.
- Definieren Sie "No-Go-Zonen" im Markt, in denen Sie aufgrund zu hoher Risiken grundsätzlich keine Positionen eröffnen.
- Hinterlegen Sie Ihre Handelsstrategie schriftlich und überprüfen Sie regelmäßig, ob Sie noch nach Ihren eigenen Regeln handeln.
- Besuchen Sie einen Workshop zum Thema Psychologie im Börsenhandel, um Ihre emotionalen Reaktionen besser zu verstehen und zu kontrollieren.

Rückblick - 1. Grundlagen des Börsenhandels

Der Weg zu einem erfolgreichen Börsenhandel beginnt mit dem Aufbau eines soliden Fundaments. Dies umfasst nicht nur das Verständnis der Marktmechanismen, verschiedener Anlageklassen und Ordertypen, sondern auch die Beherrschung von Analysemethoden und Risikomanagement-Tools. Beginnen Sie Ihre Reise mit einer ehrlichen Selbsteinschätzung Ihrer Kenntnisse und definieren Sie klare Lernziele. Wollen Sie langfristig investieren oder kurzfristig traden? Welche Märkte interessieren Sie? Konzentrieren Sie sich zunächst auf einen Bereich und erweitern Sie Ihr Wissen Schritt für Schritt. Ein strukturierter Lernplan mit regelmäßigen Lerneinheiten und einer Kombination verschiedener Lernmethoden, wie Fachbücher, Webinare und Online-Kurse, ist dabei unerlässlich.

Die Theorie alleine reicht jedoch nicht aus. Praktische Erfahrung ist der Schlüssel zum Erfolg. Nutzen Sie die Möglichkeit des Übungshandels mit einem Musterdepot, um Ihre Strategien zu testen und ein Gefühl für den Markt zu entwickeln, ohne Ihr Kapital zu riskieren. Experimentieren Sie mit verschiedenen Indikatoren, wie dem RSI oder gleitenden Durchschnitten und analysieren Sie Ihre simulierten Trades im Detail. Führen Sie ein virtuelles Trading-Journal, um Ihre Entscheidungen zu reflektieren und wiederkehrende Muster in Ihrem Handelsverhalten zu erkennen. So können Sie Ihre Strategie optimieren und typische Anfängerfehler im realen Handel vermeiden. Denken Sie daran: Der Übungshandel ist eine Investition in Ihre zukünftige Trading-Karriere.

Sobald Sie im virtuellen Handel konsistente Erfolge erzielen und sich sicher im Umgang mit Ihrer Handelsplattform fühlen, können Sie den Schritt in den realen Handel wagen. Beginnen Sie mit kleinen Positionen und steigern Sie diese schrittweise, während Sie Erfahrung sammeln. Behalten Sie Ihre Emotionen im Griff und lassen Sie sich nicht von Gier oder Angst leiten. Ein disziplinierter Umgang mit Risiko- und Money-Management ist entscheidend für langfristigen Erfolg. Setzen Sie sich realistische Ziele und definieren Sie klare Verlustgrenzen. Nutzen Sie Stop-Loss-Orders, um Ihr Kapital zu schützen und überprüfen Sie diese regelmäßig. Die Kombination aus technischer und fundamentaler Analyse kann Ihnen helfen, fundiertere Handelsentscheidungen zu treffen. Vergessen Sie jedoch nicht: Kein Trader gewinnt jeden Trade. Lernen Sie aus Ihren Fehlern und passen Sie Ihre Strategie kontinuierlich an die Marktbedingungen an.

Der Börsenhandel ist ein komplexes und herausforderndes Feld, das kontinuierliches Lernen und Anpassung erfordert. Es gibt keinen Königsweg zum Erfolg, aber mit einem soliden Fundament, Disziplin, Risikobereitschaft und der Bereitschaft, ständig dazuzulernen, können Sie Ihre Chancen auf langfristige Profitabilität deutlich erhöhen. Sehen Sie den Lernprozess als eine kontinuierliche Investition in sich selbst und Ihre finanzielle Zukunft. Mit der richtigen Einstellung und dem nötigen Engagement können Sie Ihre Trading-Ziele erreichen und Ihre finanzielle Unabhängigkeit stärken.

2. Handelsstrategien und Methoden

Haben Sie sich je gefragt, warum manche Trader konstant Gewinne erzielen, während andere trotz ähnlicher Marktbedingungen scheitern? Der Unterschied liegt selten im Zugang zu Informationen, sondern vielmehr in der systematischen Anwendung bewährter Methoden und einem tiefgreifenden Verständnis von Marktbewegungen. Dieses Kapitel beleuchtet die Kernelemente erfolgreicher Handelsansätze, die sowohl kurzfristige Preisschwankungen als auch fundamentale Marktdynamiken berücksichtigen. Von präzisen Einstiegssignalen bis hin zu robusten Risikomanagement-Techniken werden Sie Werkzeuge kennenlernen, die Ihre Handelsentscheidungen auf ein neues Niveau heben können. Was Sie hier entdecken werden, könnte den entscheidenden Unterschied zwischen gelegentlichen Treffern und konsistenter Profitabilität ausmachen.

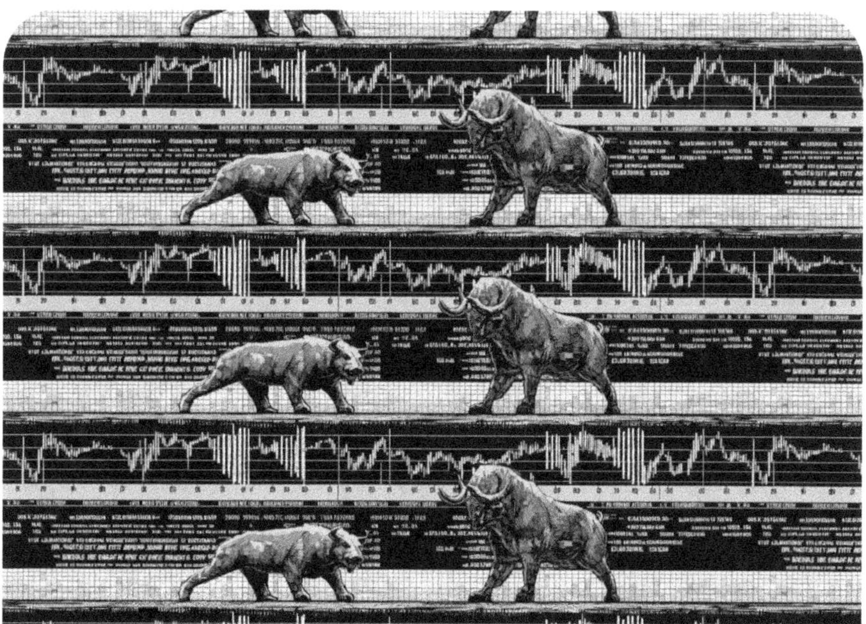

2. 1 Trading Strategien

Trading-Strategien sind der Schlüssel zu erfolgreichem Börsenhandel. Sie bieten die Möglichkeit, systematisch Marktchancen zu identifizieren und Risiken zu minimieren. Die Entwicklung und Anwendung einer passenden Strategie erfordert jedoch ein Verständnis der zugrundeliegenden Marktmechanismen und die Disziplin, diese konsequent umzusetzen. Dabei stellen sich Herausforderungen wie die Auswahl der richtigen Indikatoren, die Bestimmung von Ein- und Ausstiegspunkten und die psychologische Bewältigung von Verlusten. Dieser Abschnitt behandelt verschiedene Strategien, von Trendfolge über Gegenbewegungshandel bis zu Volatilitäts-basierten Ansätzen. Er beleuchtet die jeweiligen Vor- und Nachteile und gibt Einblicke in die praktische Anwendung. Bereit, Ihre Trading-Performance zu optimieren? Dann tauchen Sie ein in die Welt der Trading-Strategien.

Erfolgreiches Trading, egal mit welcher Strategie, erfordert neben der Beherrschung der Technik vor allem Disziplin, Geduld und ein robustes Risikomanagement.

Trendfolgestrategien

Trendfolgestrategien Trendfolgestrategien basieren auf dem Grundprinzip, dass Preisbewegungen an den Finanzmärkten dazu neigen, über längere Zeiträume in eine bestimmte Richtung zu verlaufen. Trader, die diese Strategien anwenden, versuchen nicht, Wendepunkte vorherzusagen, sondern positionieren sich in Richtung des bestehenden Trends, um von der Fortsetzung der Preisbewegung zu profitieren. Die Identifikation eines Trends erfolgt durch die Analyse von Preismustern und technischen Indikatoren. Ein Aufwärtstrend zeichnet sich durch höhere Hochs und höhere Tiefs aus, während ein Abwärtstrend durch niedrigere Tiefs und niedrigere Hochs charakterisiert wird. Zur Bestätigung dieser Muster nutzen Trader oft gleitende Durchschnitte, die den durchschnittlichen Preis über einen bestimmten Zeitraum darstellen. Wenn der Kurs über dem gleitenden Durchschnitt liegt, deutet dies auf einen Aufwärtstrend hin; liegt er darunter, signalisiert dies einen Abwärtstrend. Der Einstieg in einen Trend erfordert Geduld und Disziplin. Viele erfolgreiche Trendfolger warten auf Rücksetzer innerhalb eines etablierten Trends, um zu günstigeren Preisen einzusteigen. Ein Rücksetzer in einem Aufwärtstrend kann als temporäre Preiskorrektur nach unten verstanden werden, die oft an Unterstützungsniveaus wie dem gleitenden Durchschnitt oder früheren Widerstandszonen stoppt. Beim Handel mit dem EUR/USD-Währungspaar könnte ein Trader nach einer Aufwärtsbewegung von 1,10 auf 1,15 einen Rücksetzer auf 1,13 abwarten, um eine Long-Position zu eröffnen, wenn dieser Preis mit einer technischen Unterstützung übereinstimmt. Das Risikomanagement spielt bei Trendfolgestrategien eine entscheidende Rolle. Da Trends jederzeit enden können, müssen Trader klare Ausstiegsregeln festlegen. Ein stoplossorder sollte unterhalb des letzten signifikanten Tiefs in einem Aufwärtstrend oder oberhalb des letzten signifikanten Hochs in einem Abwärtstrend platziert werden. Die Position sollte so dimensioniert sein, dass bei Auslösung des Stop-Loss nicht mehr als 1-2% des Gesamtkapitals verloren gehen.

Zur Gewinnmitnahme bieten sich verschiedene Methoden an:
- Trailing-Stops, die mit dem Trend nachgezogen werden
- Teilausstieg bei Erreichen bestimmter Kursziele
- Ausstieg bei Trendumkehrsignalen

Die Wahl des Zeitrahmens beeinflusst maßgeblich den Erfolg einer Trendfolgestrategie. Längerfristige Trends auf Tages- oder Wochencharts sind oft stabiler und weniger anfällig für Fehlsignale als kurzfristige Bewegungen auf Minuten- oder Stundencharts. Anfänger sollten mit größeren Zeiteinheiten beginnen und erst mit zunehmender Erfahrung zu kürzeren Zeitrahmen übergehen. Ein häufiger Fehler bei der Anwendung von Trendfolgestrategien ist der verfrühte Ausstieg aus profitablen Positionen. Die menschliche Psychologie neigt dazu, Gewinne schnell zu realisieren, was dem Grundprinzip des Trendfolgings widerspricht: "Lass deine Gewinne laufen". Um diesem Impuls entgegenzuwirken, sollten Trader vorab definierte Ausstiegsregeln festlegen und diese konsequent befolgen. Die Kombination mehrerer Indikatoren kann die Zuverlässigkeit von Trendsignalen erhöhen. Der MACD (Moving Average Convergence Divergence) zeigt Trendstärke und potenzielle Trendwechsel an, während der rsi (Relative Strength Index) überkaufte oder überverkaufte Marktphasen identifiziert. Der ADX (Average Directional Index) misst die Trendstärke unabhängig von der Richtung und kann helfen, starke von schwachen Trends zu unterscheiden. Ein ADX-Wert über 25 deutet auf einen starken Trend hin, während Werte unter 20 auf einen schwachen oder nicht vorhandenen Trend hinweisen. Saisonale Muster und fundamentale Faktoren können Trendfolgestrategien ergänzen. Bestimmte Märkte zeigen wiederkehrende

saisonale Tendenzen, wie Aktienindizes, die historisch betrachtet in den Wintermonaten besser performen ("Sell in May and go away"). Die Berücksichtigung des wirtschaftlichen Umfelds, der Geldpolitik und branchenspezifischer Entwicklungen kann die Wahrscheinlichkeit erhöhen, in nachhaltige Trends einzusteigen. Die Backtesting-Analyse historischer Daten ermöglicht die Überprüfung der Strategie unter verschiedenen Marktbedingungen. Dabei sollten mindestens fünf Jahre Marktdaten einbezogen werden, um Bullen- und Bärenmärkte sowie Seitwärtsphasen abzudecken. Die Ergebnisse liefern wertvolle Erkenntnisse über Gewinnwahrscheinlichkeit, durchschnittliche Gewinne und Verluste sowie maximale Drawdowns. Für die praktische Umsetzung einer Trendfolgestrategie empfiehlt sich ein strukturierter Ansatz: Zunächst wird der übergeordnete Trend auf einem höheren Zeitrahmen identifiziert. Anschließend erfolgt der Wechsel zu einem niedrigeren Zeitrahmen, um präzise Einstiegspunkte zu finden. Bei einem identifizierten Aufwärtstrend im Tageschart des DAX könnte ein Trader zum Stundenchart wechseln und auf eine Konsolidierung warten, die an einer Unterstützung endet, um dann eine Long-Position zu eröffnen. Die kontinuierliche Dokumentation aller Trades in einem Handelsjournal hilft, die eigene Strategie zu verfeinern. Neben Ein- und Ausstiegspunkten sollten auch die Gründe für Handelsentscheidungen, emotionale Zustände und Marktbedingungen notiert werden. Diese Aufzeichnungen ermöglichen es, Muster zu erkennen und die Strategie anzupassen. Trendfolgestrategien erfordern Geduld und emotionale Disziplin. In Seitwärtsmärkten können sie zu einer Serie von Verlusten führen, während in trendstarken Phasen wenige große Gewinne diese Verluste mehr als ausgleichen können. Diese asymmetrische Gewinnverteilung macht Trendfolgestrategien langfristig profitabel, stellt aber hohe Anforderungen an die psychologische Widerstandsfähigkeit des Traders.

Gut zu wissen

Handelsjournal

Ein Handelsjournal ist ein detaillierter Bericht über alle Handelstransaktionen eines Traders. Es enthält Informationen wie Ein- und Ausstiegspunkte, Positionsgrößen, Stop-Loss- und Take-Profit-Niveaus sowie die Gründe für jede Handelsentscheidung.

Konsolidierung

Eine Konsolidierung ist eine Phase, in der sich der Preis eines Vermögenswerts in einer engen Spanne bewegt, nachdem eine signifikante Preisbewegung stattgefunden hat. Sie stellt oft eine Pause oder einen Rücksetzer dar, bevor der Trend fortgesetzt wird oder sich umkehrt.

Long-Position

Eine Long-Position bezieht sich auf den Kauf eines Vermögenswerts in der Erwartung, dass sein Preis steigen wird. Der Trader profitiert, wenn der Preis wie erwartet steigt und er den Vermögenswert zu einem höheren Preis verkaufen kann.

Trailing-Stop

Ein Trailing-Stop ist eine Art Stop-Loss-Order, die sich mit dem Marktpreis nach oben bewegt, wenn sich eine Position zugunsten des Traders entwickelt. Er wird verwendet, um Gewinne zu sichern und Verluste zu minimieren, falls sich der Trend umkehrt.

Trendfolgende Performance

Performance verschiedener trendfolgender Strategien in verschiedenen Marktregimen.

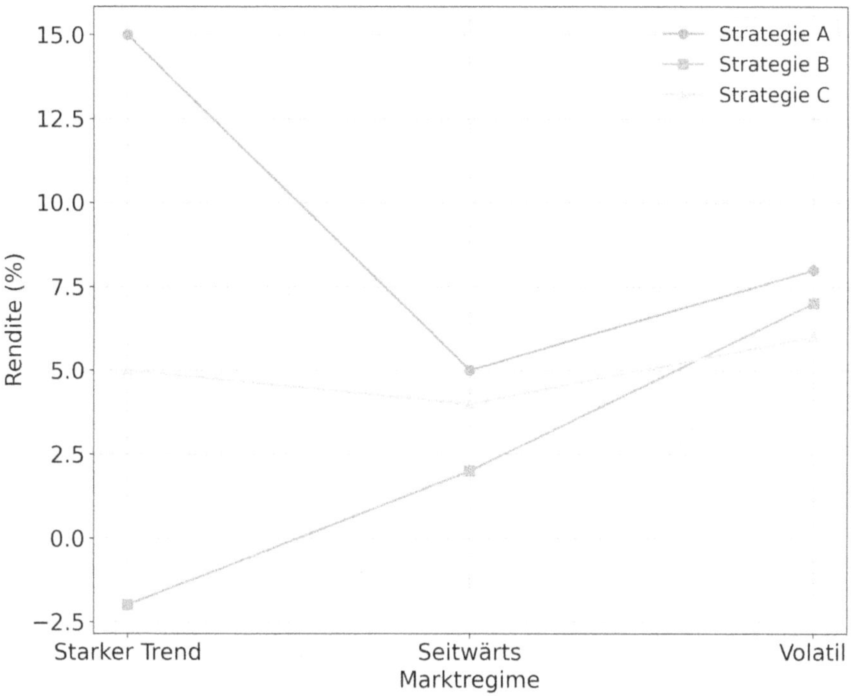

Das Diagramm zeigt die hypothetische Performance verschiedener trendfolgender Strategien. Strategie A zeichnet sich in stark trendenden Märkten aus, während Strategie B in seitwärtsgerichteten oder unruhigen Märkten widerstandsfähiger ist. Strategie C zeigt unter allen Marktbedingungen konstante, wenn auch moderate Renditen. Dies unterstreicht die Bedeutung der Auswahl einer Strategie, die für das vorherrschende Marktumfeld geeignet ist.

Gegenbewegungshandel

Gegenbewegungshandel (auch Contrarian-Strategie) basiert auf der Annahme, dass sich die Wertentwicklung von Vermögenswerten umkehrt. Im Kern geht es darum, gegen den Strom zu schwimmen: Man kauft, was zuletzt gefallen ist und verkauft, was gestiegen ist [s8]. Diese Strategie zielt darauf ab, von kurzfristigen Überreaktionen des Marktes zu profitieren, die zu übertriebenen Kursbewegungen führen. Während Momentum-Trader auf die Fortsetzung eines Trends setzen, spekulieren Contrarian-Trader auf eine Umkehr. Eine solche Umkehr kann eintreten, wenn ein Vermögenswert als überkauft oder überverkauft gilt. Ein Beispiel dafür wäre der Kauf einer Aktie, die nach einer schlechten Nachricht stark gefallen ist, in der Erwartung, dass der Markt überreagiert hat und der Kurs sich wieder erholen wird. Die Contrarian-Strategie erfordert jedoch ein gutes Verständnis der Fundamentaldaten des jeweiligen Vermögenswertes, um zwischen einer echten Trendwende und einer kurzfristigen Schwankung zu unterscheiden. Eine reine Betrachtung der Kursentwicklung reicht nicht aus, um fundierte Entscheidungen zu treffen. Es ist wichtig, die Gründe für die Kursbewegung zu analysieren und zu bewerten, ob diese gerechtfertigt sind oder ob eine Überreaktion vorliegt. Zusätzlich zur Fundamentalanalyse können technische Indikatoren wie der Relative Strength Index (RSI) oder der Stochastic Oscillator helfen, überkaufte oder überverkaufte Marktbedingungen zu identifizieren, die auf eine mögliche Trendumkehr hindeuten könnten. Dennoch ist Gegenbewegungshandel mit Risiken verbunden. Die Marktstimmung kann länger anhalten als erwartet, was zu anhaltenden Verlusten führen kann. Daher ist ein striktes Risikomanagement unerlässlich. Die Positionsgröße sollte begrenzt und stoplossorders sollten verwendet werden, um potenzielle Verluste zu minimieren. Die Kombination von Fundamentalanalyse, technischen Indikatoren und einem disziplinierten Risikomanagement kann dazu beitragen, die Erfolgschancen beim Gegenbewegungshandel

zu erhöhen [s8]. Es ist ratsam, diese Strategie zunächst in einem Demokonto zu testen, bevor man sie mit realem Kapital umsetzt. So kann man Erfahrung sammeln und die Strategie an die eigenen Bedürfnisse anpassen, ohne dabei echtes Geld zu riskieren.

Gut zu wissen

Contrarian-Strategie

Eine Handelsstrategie, die darauf abzielt, von Marktüberreaktionen zu profitieren, indem Positionen gegen den vorherrschenden Trend eingegangen werden. Sie erfordert eine gründliche Analyse der Fundamentaldaten, um zwischen kurzfristigen Schwankungen und tatsächlichen Trendwenden zu unterscheiden.

Demokonto

Ein simuliertes Handelskonto, das es Händlern ermöglicht, Strategien mit virtuellem Geld zu testen, ohne echtes Kapital zu riskieren.

Stochastic Oscillator

Ein Momentum-Indikator, der den Schlusskurs eines Wertpapiers mit seiner Preisspanne über einen bestimmten Zeitraum vergleicht, um überkaufte und überverkaufte Bedingungen zu erkennen.

Technische Indikatoren

Mathematische Berechnungen, die auf historischen Preis- und Volumendaten basieren und dazu dienen, zukünftige Preisbewegungen vorherzusagen und Handelsentscheidungen zu unterstützen.

Erfolgsquoten der Mean-Reversion-Strategie

Vergleich der Mean-Reversion-Ansätze

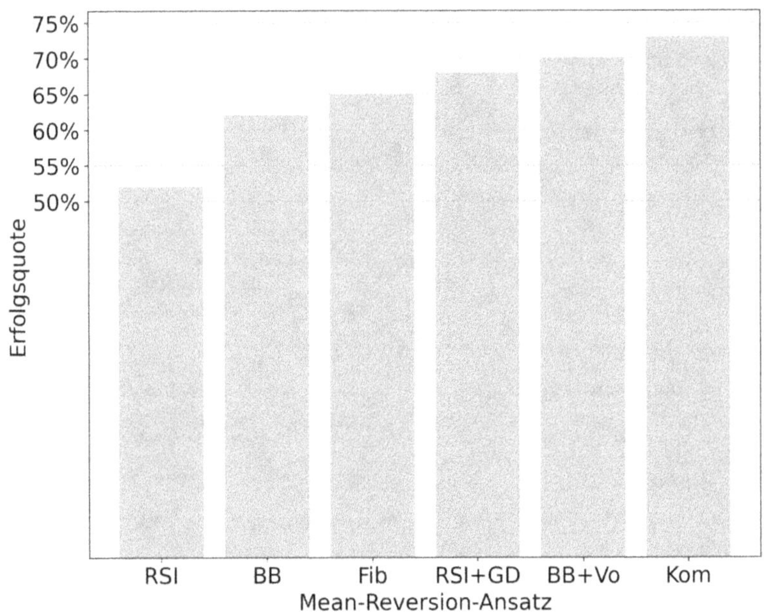

BB: Bollinger-Bänder

Fib: Fibonacci-Retracement

RSI: Einfacher RSI

BB+Vo: Bollinger-Bänder + Volumen

Kom: Kombinierter Ansatz

RSI+GD: RSI + Gleitender Durchschnitt

Während der einfache RSI die niedrigste Erfolgsquote aufweist, verbessert die Kombination mit anderen Indikatoren oder die Verwendung fortgeschrittenerer Mean-Reversion-Strategien wie Bollinger-Bänder oder Fibonacci-Retracement die Rentabilität erheblich. Die höchste Erfolgsquote wird mit dem kombinierten Ansatz erzielt, was darauf hindeutet, dass die Verwendung mehrerer Bestätigungssignale die Effektivität des Mean-Reversion-Handels erhöht. Händler sollten Backtesting und Optimierung dieser Strategien für ihre spezifischen Märkte und ihre Risikobereitschaft in Betracht ziehen.

Volatilitätsbasierte Ansätze

Volatilitätsbasierte Ansätze nutzen die Schwankungsbreite von Finanzinstrumenten, um Handelschancen zu identifizieren. Anstatt die Richtung der Preisbewegung vorherzusagen, konzentrieren sich diese Strategien auf die Höhe der Volatilität und versuchen, von deren Veränderungen zu profitieren. Ein wichtiger Aspekt ist die Unterscheidung zwischen impliziter und historischer Volatilität. Die historische Volatilität misst die Schwankungen der Preise in der Vergangenheit, etwa die tägliche oder wöchentliche Standardabweichung der Renditen. Die implizite Volatilität hingegen ist eine zukunftsgerichtete Kennzahl, die aus den Preisen von Optionen abgeleitet wird und die erwartete Schwankungsbreite des Basiswerts widerspiegelt. Ein Beispiel für einen volatilitätsbasierten Ansatz ist der Handel mit Volatilitätsindizes wie dem VIX, der die implizite Volatilität des S&P 500 Index abbildet. Steigt der VIX, deutet dies auf eine höhere erwartete Volatilität am Aktienmarkt hin. Ein Trader könnte in diesem Fall eine Long-Position im VIX eröffnen, um von steigender Volatilität zu profitieren. Fällt der VIX, könnte er eine Short-Position eingehen, um von sinkender Volatilität zu profitieren. Ein weiterer Ansatz ist die Nutzung von Optionsstrategien, um von der Volatilität zu profitieren. Optionen sind derivative Finanzinstrumente, deren Wert von der Entwicklung des Basiswerts abhängt. Die implizite Volatilität ist ein wichtiger Bestandteil der Optionspreisgestaltung. Je höher die implizite Volatilität, desto teurer ist die Option. Ein Trader könnte etwa eine Straddle-Strategie anwenden, bei der er gleichzeitig eine Call- und eine Put-Option mit demselben Ausübungspreis und derselben Laufzeit kauft. Diese Strategie profitiert von starken Kursbewegungen in beide Richtungen, unabhängig davon, ob der Kurs steigt oder fällt [s9]. Die Profitabilität hängt davon ab, ob die tatsächliche Volatilität die implizite Volatilität übersteigt. Maschinelles Lernen kann ebenfalls zur Prognose von Volatilität und zur Entwicklung von Handelsstrategien eingesetzt werden. Ensemble-Modelle, die mehrere Vorhersagemodelle kombinieren, haben sich als besonders effektiv erwiesen, um die Genauigkeit und Rentabilität zu erhöhen [s9]. Durch

die Kombination verschiedener Modelle können die Stärken der einzelnen Modelle genutzt und deren Schwächen kompensiert werden. Dies führt zu robusteren Vorhersagen und Handelsstrategien, die auch unter sich ändernden Marktbedingungen profitabel sein können. Die Anwendung von maschinellem Lernen im Volatilitätshandel erfordert jedoch fundierte Kenntnisse im Bereich Data Science und Programmierung. Neben den genannten Ansätzen gibt es eine Vielzahl weiterer volatilitätsbasierter Strategien, die auf unterschiedlichen Prinzipien beruhen. Dazu gehören beispielsweise Volatility-Arbitrage, bei der Preisunterschiede zwischen impliziter und realisierter Volatilität ausgenutzt werden, sowie GARCH-Modelle, die die Volatilität als zeitlich veränderlichen Prozess modellieren. Die Auswahl der geeigneten Strategie hängt von den individuellen Zielen, dem Risikoprofil und den Marktkenntnissen des Traders ab. Unabhängig von der gewählten Strategie ist ein solides Risikomanagement unerlässlich, um potenzielle Verluste zu begrenzen. stoplossorders und eine angemessene Positionsgrößenbestimmung sind wichtige Instrumente, um das Risiko zu kontrollieren und das Kapital zu schützen. Darüber hinaus ist es ratsam, volatilitätsbasierte Strategien zunächst in einem demokonto zu testen, bevor man sie mit realem Kapital umsetzt.

Volatilitätsbasierte Handelsmöglichkeiten

Zusammenhang zwischen Volatilität, Handelsvolumen und Gewinnpotential.

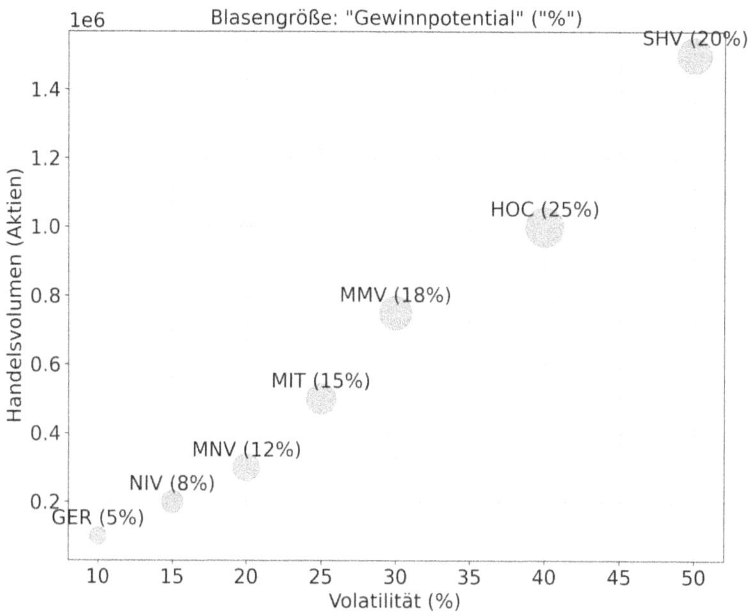

Blasengröße: Gewinnpotential (%)

GER: Geringe Volatilität, geringes Volumen

HOC: Hohe Volatilität, hohes Volumen

MIT: Mittlere Volatilität, mittleres Volumen

MMV: Mittlere Volatilität, mittleres Volumen

MNV: Mittlere Volatilität, niedriges Volumen

NIV: Niedrige Volatilität, niedriges Volumen

SHV: Hohe Volatilität, sehr hohes Volumen

Eine hohe Volatilität in Kombination mit einem moderaten Handelsvolumen bietet oft die attraktivsten Risiko-Ertrags-Möglichkeiten. Niedrige Volatilität und geringes Volumen deuten auf ein begrenztes Gewinnpotential hin, während eine hohe Volatilität mit einem extrem hohen Volumen auf übermäßige Spekulation und ein erhöhtes Risiko hindeuten kann. Händler sollten sich darauf konzentrieren, den Sweet Spot zu finden, an dem Volatilität Chancen ohne übermäßiges Risiko schafft.

Konkrete Ratschläge

- Nutzen Sie die Marktbreite als Indikator für die Stärke eines Trends und passen Sie Ihre Positionsgröße entsprechend an.
- Erstellen Sie ein Regelwerk für den Umgang mit unerwarteten Nachrichtenereignissen und deren Einfluss auf Ihre Handelsstrategie.
- Identifizieren Sie Korrelationen zwischen verschiedenen Märkten und nutzen Sie diese für Diversifikations- oder Hedge-Strategien.
- Überprüfen Sie Ihre Trendfolgestrategie regelmäßig auf Robustheit gegenüber unterschiedlichen Marktzyklen (Bullenmarkt, Bärenmarkt, Seitwärtsmarkt).
- Entwickeln Sie ein System zur Bewertung der Qualität Ihrer Einstiegssignale und optimieren Sie Ihre Strategie basierend auf dieser Analyse.
- Experimentieren Sie mit verschiedenen Ausstiegsstrategien, um die optimale Balance zwischen Gewinnmitnahme und Verlustbegrenzung zu finden.
- Nutzen Sie die Volatilität, um dynamische Stop-Loss-Orders zu setzen, die sich an die Marktschwankungen anpassen.
- Beobachten Sie das Orderbuch, um Einblicke in das aktuelle Marktgeschehen und die Stimmung anderer Händler zu erhalten.
- Verfolgen Sie die Entwicklung neuer Technologien im Trading-Bereich und prüfen Sie deren Anwendungsmöglichkeiten für Ihre Strategie.
- Analysieren Sie historische Daten, um wiederkehrende saisonale Muster zu identifizieren und in Ihre Handelsstrategie zu integrieren.
- Testen Sie Ihre Strategien unter Berücksichtigung von Transaktionskosten und Steuern, um die realistische Netto-Performance zu ermitteln.

2. 2 Swing Trading

Swing-Trading nutzt mittelfristige Marktbewegungen von einigen Tagen bis Wochen. Trader identifizieren Aktien oder Indizes mit erhöhter Volatilität und Momentum, oft ausgelöst durch Nachrichten, Quartalsberichte oder technische Ausbrüche. Erfolg erfordert die Kombination von technischer und fundamentaler Analyse, präzisem Risikomanagement und der Wahl geeigneter Handelsplattformen und Ordertypen. Die Bestimmung der optimalen Haltedauer jeder Position, die Balance zwischen Gewinnmaximierung und Risikominimierung, stellt eine zentrale Herausforderung dar. Von der Analyse von Chartmustern und technischen Indikatoren bis hin zur Berücksichtigung der Volatilität und der individuellen Risikobereitschaft – verschiedene Faktoren beeinflussen diese Entscheidung. Meistern Sie diese Herausforderungen und erschließen Sie das Potenzial des Swing-Tradings für Ihren Börsenerfolg.

Die optimale Haltedauer beim Swingtrading ergibt sich aus dem Gleichgewicht zwischen Gewinnmaximierung und Risikominimierung, abhängig von Marktphase, Volatilität und Risikobereitschaft und erfordert ständige Überprüfung und Anpassung.

Mittelfristige Marktbewegungen nutzen

Swing-Trading zielt darauf ab, mittelfristige Marktbewegungen zu nutzen, die typischerweise einige Tage bis mehrere Wochen andauern. Anstatt kurzfristige Schwankungen oder langfristige Trends zu verfolgen, konzentrieren sich Swing-Trader auf die Identifizierung von Aktien, Indizes oder anderen Finanzinstrumenten, die eine erhöhte Volatilität und ein erkennbares Momentum aufweisen. Diese Bewegungen entstehen oft durch Nachrichtenereignisse, Quartalsberichte oder technische Faktoren wie Ausbrüche aus Konsolidierungsphasen. Ein Swing-Trader könnte beispielsweise beobachten, dass eine Aktie nach einem positiven Gewinnbericht einen Aufwärtstrend beginnt. Anstatt sofort einzusteigen, wartet er ab, bis sich ein Pullback – eine kurzfristige Gegenbewegung innerhalb des Aufwärtstrends – bildet. Dieser Pullback bietet eine potenziell günstigere Einstiegsmöglichkeit, bevor die Aktie ihren Aufwärtstrend fortsetzt. Der Schlüssel zum erfolgreichen Swing-Trading liegt in der Kombination von technischer und fundamentaler Analyse. Technische Indikatoren wie gleitende_durchschnitte, Relative-Stärke-Indikatoren (RSI) und Chartmuster helfen dabei, Einstiegs- und Ausstiegspunkte zu identifizieren und das Momentum eines Trends zu beurteilen. Die fundamentale Analyse liefert zusätzliche Informationen über die finanzielle Gesundheit und die Zukunftsaussichten eines Unternehmens, was die Auswahl vielversprechender Kandidaten für Swing-Trades unterstützt. So könnte ein Trader beispielsweise eine Aktie mit starken Fundamentaldaten bevorzugen, die sich gleichzeitig in einem technisch günstigen Setup befindet. Risikomanagement ist ein zentraler Aspekt des Swing-Tradings. Da die Haltedauer von Positionen länger ist als im Daytrading, sind Swing-Trader einem erhöhten Risiko durch unerwartete Marktbewegungen ausgesetzt. stoplossorders, die automatisch eine Position schließen, wenn ein bestimmter Kurs erreicht wird, begrenzen potenzielle Verluste. Position Sizing, also die Bestimmung der optimalen Größe einer Position im Verhältnis zum gesamten Handelskapital, hilft ebenfalls, das Risiko zu diversifizieren. Ein Trader könnte beispielsweise entscheiden, maximal 2% seines Kapitals in einen einzelnen Trade zu investieren. Die Auswahl der richtigen Handelsplattform und der passenden Ordertypen ist ebenfalls relevant. Eine Plattform mit zuverlässigen Echtzeitdaten, Charting-Tools und der Möglichkeit, verschiedene Ordertypen zu platzieren, ist unerlässlich. Limit-Orders ermöglichen es, zu einem festgelegten Preis zu kaufen oder zu verkaufen, während Stop-Limit-Orders eine Kombination aus Stop-Loss und Limit-Order darstellen. Angenommen, ein Trader möchte eine Aktie bei einem Kurs von 50 € kaufen. Er könnte eine Limit-Order bei 50 € platzieren, um sicherzustellen, dass er nicht mehr als diesen Preis bezahlt. Neben der technischen Analyse und dem Risikomanagement ist die kontinuierliche Marktbeobachtung und die Anpassung der Handelsstrategie an sich ändernde Marktbedingungen entscheidend.

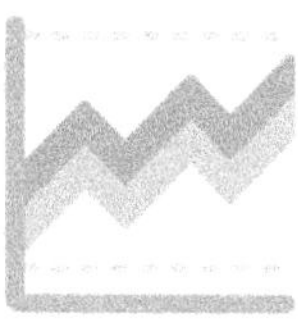

Wirtschaftsnachrichten, Branchenentwicklungen und globale Ereignisse können die Märkte beeinflussen und bieten sowohl Chancen als auch Risiken für Swing-Trader. Ein regelmäßiges Überprüfen des Portfolios und das Anpassen von Stop-Loss-Orders basierend auf der aktuellen Marktsituation sind daher unerlässlich. So könnte ein Trader beispielsweise seine Stop-Loss-Order nach oben verschieben, wenn eine Aktie wie erwartet steigt, um seine Gewinne zu sichern. Disziplin und Geduld sind weitere wichtige Eigenschaften für erfolgreiche Swing-Trader. Nicht jeder Trade wird profitabel sein und es ist wichtig, Emotionen wie Gier und Angst nicht die Oberhand gewinnen zu lassen. Ein Trading-Plan mit klaren Regeln für Einstieg, Ausstieg und Risikomanagement hilft, diszipliniert zu handeln und impulsive Entscheidungen zu vermeiden. Ein solcher Plan könnte beispielsweise festlegen, dass ein Trader nur dann in einen Trade einsteigt, wenn bestimmte technische und fundamentale Kriterien erfüllt sind. Schließlich ist es ratsam, zunächst mit einem demokonto zu üben und verschiedene Strategien zu testen, bevor man echtes Geld investiert. So kann man Erfahrung sammeln und die eigene

Handelsstrategie optimieren, ohne dabei Kapital zu riskieren. Verschiedene Online-Broker bieten kostenlose Demokonten an, die den Handel mit virtuellem Geld ermöglichen. Dies erlaubt es, die Funktionsweise der Plattform und die Auswirkungen verschiedener Handelsentscheidungen kennenzulernen.

Typische Swing-Trade-Dauer und Amplitude

Veranschaulichendes Beispiel für die Dauer und Kursbewegung eines Swing-Trades.

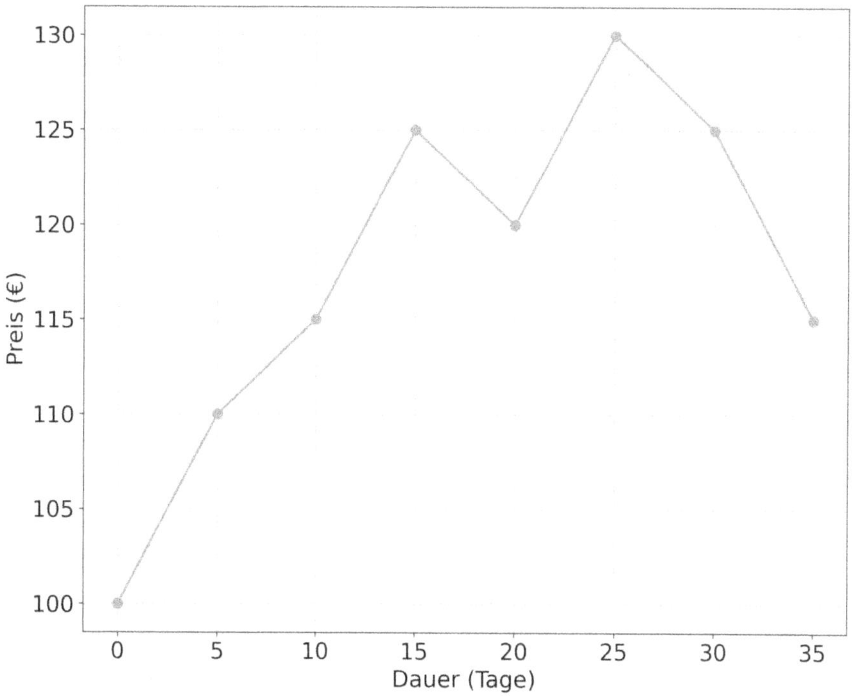

Dieses Diagramm zeigt einen hypothetischen Swing-Trade. Der anfängliche Preisanstieg deutet auf einen starken Aufwärtstrend hin, gefolgt von einer Konsolidierungsphase, bevor der Höchststand erreicht wird. Der anschließende Rückgang stellt die Gewinnmitnahmephase dar. Die Dauer des Trades ist auf der x-Achse dargestellt und hebt die für Swing-Trading typische Haltedauer hervor. Die Amplitude spiegelt eine realistische Preisschwankung wider, die von Swing-Tradern angestrebt wird.

Einstiegs- und Ausstiegstechniken

Der Erfolg beim Swing-Trading hängt maßgeblich von präzisen Ein- und Ausstiegstechniken ab. Diese Entscheidungen basieren auf einer Kombination verschiedener Analyseverfahren, unter anderem der technischen Analyse. Hier kommen diverse Instrumente zum Einsatz, wie gleitende_durchschnitte, die den Trendverlauf glätten und Handelssignale generieren können. Ein Trader könnte beispielsweise einen kurzfristigen gleitenden Durchschnitt (z.B. 20 Tage) und einen langfristigen (z.B. 50 Tage) verwenden. Kreutzt der kurzfristige den langfristigen von unten nach oben, könnte dies ein Kaufsignal darstellen. Ergänzend bieten Chartmuster wie Dreiecke oder Flaggenformationen Hinweise auf potenzielle Ausbrüche und damit verbundene Tradingchancen. Die fundamentale Analyse liefert zusätzliche Informationen zur finanziellen Lage eines Unternehmens und kann die Auswahl der zu handelnden Wertpapiere unterstützen. Neben der Analyse spielt das Risikomanagement eine entscheidende Rolle. stoplossorders begrenzen potenzielle Verluste, indem sie Positionen automatisch schließen, sobald ein vorher festgelegter Kurs erreicht wird. Eine Aktie wird beispielsweise bei 55 € gekauft. Um das Risiko zu minimieren, platziert der Trader eine Stop-Loss-Order bei 52 €, wodurch der maximale Verlust auf 3 € pro Aktie begrenzt wird. Die Positionsgröße, also der Anteil des Kapitals, der in einen einzelnen Trade investiert wird, beeinflusst ebenfalls das Gesamtrisiko. Eine gängige Praxis ist die Beschränkung auf maximal 2% des Handelskapitals pro Position. Dies verhindert, dass ein einzelner Verlust das Portfolio übermäßig belastet. Die Wahl der richtigen Ordertypen ist ebenso wichtig. Limit-Orders erlauben es, zu einem festgelegten Preis zu kaufen oder zu verkaufen, während stoplimitorders eine Kombination aus Stop-Loss und Limit-Order darstellen. Ein Trader möchte eine Aktie bei einem Kursrückgang auf 48 € kaufen, erwartet aber einen kurzfristigen Rebound. Er könnte eine Stop-Limit-Order mit einem Stop-Preis von 48 € und einem Limit-Preis von 48,50 €

platzieren. Fällt der Kurs unter 48 €, wird eine Kauforder zum Limit-Preis von 48,50 € aktiviert. Dies sichert den Einstieg, falls der Kurs nach dem Durchbrechen der 48 €-Marke schnell

wieder ansteigt. Die kontinuierliche Marktbeobachtung ist unerlässlich, um auf neue Informationen und sich ändernde Marktbedingungen zu reagieren. Ein Trader, der eine longposition in einer Aktie hält, beobachtet beispielsweise negative Nachrichten über das Unternehmen. Um potenzielle Verluste zu minimieren, entscheidet er sich, die Position vorzeitig zu schließen, auch wenn sein ursprüngliches Kursziel noch nicht erreicht ist. Dies verdeutlicht, wie Flexibilität und Anpassungsfähigkeit im Swing-Trading zum Erfolg beitragen. Disziplin und Geduld sind weitere wichtige Faktoren. Nicht jeder Trade wird profitabel sein und emotionale Entscheidungen können zu Verlusten führen. Ein Trading-Plan mit klaren Regeln für Ein- und Ausstieg, Risikomanagement und Positionsgrößen hilft, impulsive Handlungen zu vermeiden. Ein Trader könnte beispielsweise in seinem Plan festlegen, nur dann in einen Trade einzusteigen, wenn sowohl technische als auch fundamentale Kriterien erfüllt sind. Dies erfordert Geduld, kann aber langfristig die Erfolgschancen erhöhen. Bevor mit echtem Geld gehandelt wird, bietet ein demokonto die Möglichkeit, Strategien zu testen und Erfahrungen zu sammeln, ohne Kapital zu riskieren. Viele Broker bieten solche Konten an, auf denen der Handel mit virtuellem Geld simuliert wird. Dies ermöglicht es, verschiedene Ein- und Ausstiegstechniken, Ordertypen und Risikomanagement-Strategien auszuprobieren und zu optimieren. So kann ein Trader unter realistischen Marktbedingungen lernen, ohne finanzielle Verluste zu befürchten. Die gewonnenen Erkenntnisse können dann auf den Handel mit realem Kapital übertragen werden.

Erfolgsquoten Swing-Trading Einstieg

Erfolgsquoten verschiedener Swing-Trading Einstiegssignale.

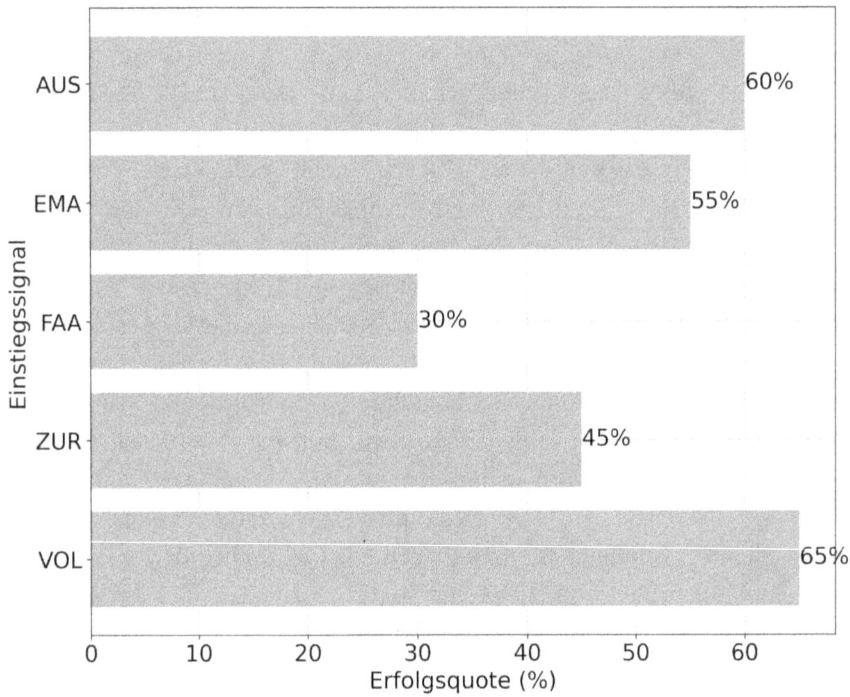

AUS: Ausbruch-Einstieg

EMA: EMA-Kreuzung

FAA: Fehlerausbruch

VOL: Volumenspitze

ZUR: Rücksetzer-Einstieg

Das Diagramm zeigt die unterschiedlichen Erfolgsquoten verschiedener Swing-Trading-Einstiegstechniken. Ausbruch-Einstiege zeigen die höchste Erfolgswahrscheinlichkeit, während Rücksetzer-Einstiege eine moderate Erfolgsquote aufweisen. Fehlerausbruch-Einstiege haben die niedrigste Erfolgsquote, was ein höheres Risiko bedeutet.

Optimale Haltedauer bestimmen

Die optimale Haltedauer einer Position beim Swing-Trading zu eruieren, ist ein Balanceakt zwischen der Maximierung von Gewinnen und der Minimierung von Risiken. Eine zu kurze Haltedauer kann dazu führen, dass man das volle Potenzial einer Bewegung verpasst, während eine zu lange Haltedauer die Gewinne durch einen Trendwechsel zunichtemachen kann. Es gibt keine allgemeingültige Formel, sondern die ideale Haltedauer hängt von verschiedenen Faktoren ab, darunter der Marktphase, die volatilitaet des gehandelten Instruments und die individuelle Risikobereitschaft. Ein Ansatz zur Bestimmung der Haltedauer basiert auf der Analyse von Chartmustern und technischen_indikatoren. So könnte ein Trader, der einen Ausbruch aus einer Dreiecksformation beobachtet, die Position halten, bis das Kursziel des Musters erreicht ist oder ein Umkehrmuster signalisiert, dass die Aufwärtsbewegung an Dynamik verliert. Auch gleitende_durchschnitte können als Orientierung dienen. Ein Trader, der auf Basis des Kreuzen eines kurzfristigen über einen langfristigen gleitenden Durchschnitt eingestiegen ist, könnte die Position schließen, wenn der kurzfristige Durchschnitt wieder unter den langfristigen fällt. Ergänzend können Indikatoren wie der rsi genutzt werden, um überkaufte oder überverkaufte Marktbedingungen zu identifizieren, die einen baldigen Trendwechsel andeuten könnten. Zeigt der RSI beispielsweise extrem hohe Werte, könnte dies ein Signal sein, die Position zu schließen, auch wenn das ursprüngliche Kursziel noch nicht erreicht ist. Ein weiterer wichtiger Faktor ist die Volatilität des gehandelten Wertpapiers. Bei hochvolatilen Aktien bietet sich tendenziell eine kürzere Haltedauer an, um das Risiko von starken Kursschwankungen zu reduzieren. Bei weniger volatilen Aktien kann eine längere Haltedauer gerechtfertigt sein, um das volle Kurspotenzial auszuschöpfen. Ein Trader, der eine Biotech-Aktie mit hoher Volatilität handelt, könnte eine Haltedauer von wenigen Tagen anvisieren, während er bei einer Blue-Chip-Aktie mit geringerer Volatilität die Position mehrere Wochen halten könnte. Die eigene Risikobereitschaft und die Kapitalausstattung beeinflussen ebenfalls die optimale Haltedauer. Wer ein höheres Risiko tolerieren kann und über ausreichend Kapital verfügt, um potenzielle Drawdowns abzufedern, kann Positionen länger halten, in der Hoffnung auf höhere Gewinne. Umgekehrt sollten Trader mit geringerer Risikobereitschaft und begrenztem Kapital eher auf kürzere Haltedauern setzen, um Verluste zu minimieren. Ein Trader mit einem kleinen Konto könnte z.B. Teilgewinne realisieren, sobald ein bestimmter Prozentsatz erreicht ist, um das Risiko zu reduzieren und das Kapital für weitere Trades zu sichern. Schließlich ist es ratsam, die eigene Strategie anhand historischer Daten zu testen und zu optimieren. Durch backtesting kann man die Performance verschiedener Haltedauern für verschiedene Wertpapiere und Marktphasen simulieren und so die effektivste Strategie für den eigenen Handelsstil ermitteln. Ein Trader könnte z.B. die historischen Kursdaten einer Aktie analysieren und feststellen, dass eine durchschnittliche Haltedauer von 7-10 Tagen in der Vergangenheit die besten Ergebnisse geliefert hat. Diese Erkenntnisse können dann als Grundlage für zukünftige Handelsentscheidungen dienen. Wichtig ist, die Strategie regelmäßig zu überprüfen und an veränderte Marktbedingungen anzupassen.

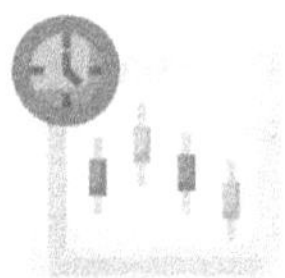

Optimale Haltedauer im Swing-Trading

Rentabilität vs. Haltedauer

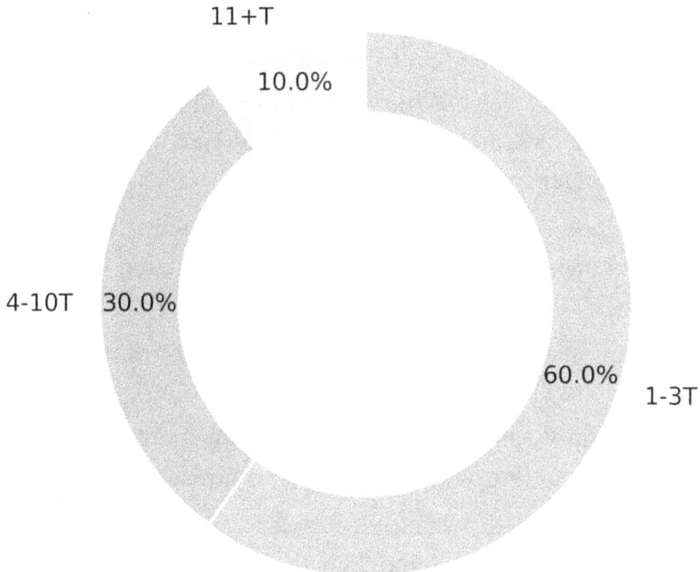

- 11+T: 11+ Tage
- 1-3T: 1-3 Tage
- 4-10T: 4-10 Tage

Dieses Diagramm visualisiert die Beziehung zwischen Haltedauer und Gewinnwahrscheinlichkeit im Swing-Trading. Kürzere Haltedauern (1-3 Tage) bieten die höchste Gewinnwahrscheinlichkeit, aber potenziell geringere Gewinne. Mittlere Haltedauern (4-10 Tage) gleichen Wahrscheinlichkeit und Gewinnpotenzial aus. Längere Haltedauern (11+ Tage) bieten die geringste Erfolgswahrscheinlichkeit, was auf ein erhöhtes Marktrisiko hindeutet.

Konkrete Ratschläge

- Verknüpfen Sie fundamentale Daten wie das Kurs-Gewinn-Verhältnis mit technischen Indikatoren, um aussichtsreiche Swing-Trading-Kandidaten zu identifizieren.
- Nutzen Sie die Ruhe vorbörslich und nachbörslich, um Ihre Watchlist zu analysieren und potenzielle Einstiege für den nächsten Tag zu planen.
- Konzentrieren Sie sich auf Aktien mit einem klaren Trend und einem überschaubaren Nachrichtenfluss, um das Risiko unerwarteter Kursbewegungen zu minimieren.
- Setzen Sie sich wöchentliche Gewinnziele und reduzieren Sie Ihr Handelsvolumen, sobald Sie diese erreicht haben, um Gier zu vermeiden.
- Beobachten Sie die Entwicklung des Gesamtmarktes und passen Sie Ihre Swing-Trading-Strategie an die jeweilige Marktphase an.
- Nutzen Sie die Wochenenden, um Ihr Trading-Journal zu aktualisieren und Ihre vergangenen Trades kritisch zu reflektieren.
- Definieren Sie für jeden Trade ein klares Szenario, das neben Einstieg und Ausstieg auch mögliche Kurskorrekturen berücksichtigt.
- Überwachen Sie die Stimmung in Online-Foren und sozialen Medien, um frühzeitig Hinweise auf Trendwenden zu erkennen.
- Erstellen Sie sich ein persönliches Regelwerk für den Umgang mit Verlusttrades, um emotionale Überreaktionen zu vermeiden.
- Simulieren Sie verschiedene Marktszenarien mit historischen Daten, um die Robustheit Ihrer Swing-Trading-Strategie zu testen.

2. 3 Order Flow Trading

Order Flow Trading analysiert das tatsächliche Handelsgeschehen jenseits von Preis und Volumen. Es liefert Einblicke in Angebot und Nachfrage, ermöglicht die Identifizierung von Liquiditätszonen und hilft, die Qualität des Volumens zu beurteilen. Trader nutzen diese Informationen, um optimale Ein- und Ausstiegspunkte zu finden und ihr Risiko zu minimieren. Die Interpretation des Orderflusses erfordert jedoch Übung und ein Verständnis der Marktdynamik. Unterschiedliche Orderfluss-Indikatoren bieten Einblicke in verschiedene Aspekte des Marktgeschehens. Die Kombination dieser Indikatoren mit anderen Analysemethoden ermöglicht ein umfassendes Bild der Marktsituation. Entdecken Sie die Welt des Order Flow Tradings und lernen Sie, die Kräfte hinter den Kursbewegungen zu verstehen. So optimieren Sie Ihre Handelsentscheidungen und erhöhen Ihre Erfolgschancen.

Die Qualität des Volumens ist wichtiger als die Menge. Order Flow und Markttiefe geben Aufschluss über die Absichten hinter dem Volumen und helfen, Fehlsignale zu vermeiden.

Volumenanalyse und Markttiefe

Volumenanalyse und Markttiefe bieten Einblicke in die Kräfte hinter Kursbewegungen. Das Volumen zeigt die gehandelte Menge eines Wertpapiers in einem bestimmten Zeitraum. Hohes Volumen kann ein starkes Kauf- oder Verkaufsinteresse signalisieren und die Bedeutung einer Kursbewegung unterstreichen. Umgekehrt deutet geringes Volumen oft auf eine schwache Kursbewegung hin, die leichter umkehrbar sein kann. Professionelle Trader nutzen Volumeninformationen, um die Stärke eines Trends zu bewerten oder bevorstehende Trendwenden zu antizipieren. Ein steigender Kurs bei gleichzeitig steigendem Volumen bestätigt den Aufwärtstrend. Fällt der Kurs hingegen bei hohem Volumen, könnte dies auf eine Trendwende hindeuten. Die Markttiefe, auch Orderbuch genannt, liefert detailliertere Informationen. Sie zeigt die aktuellen Kauf- und Verkaufsaufträge für ein Wertpapier, sortiert nach Preislimiten. Auf der Kaufseite (Bid) stehen die Gebote, also die Preise, zu denen Marktteilnehmer bereit sind zu kaufen. Auf der Verkaufsseite (Ask) stehen die Angebote, die Preise, zu denen verkauft werden soll. Die Differenz zwischen dem höchsten Gebot (Bid) und dem niedrigsten Angebot (Ask) nennt man Spread. Ein enger Spread deutet auf hohe Liquidität hin, ein weiter Spread auf geringere. Die Markttiefe ermöglicht es, die Ordergröße auf den verschiedenen Preisleveln zu sehen. Ein großes Volumen an Kaufaufträgen nahe dem aktuellen Kurs kann auf einen starken Support hindeuten, während ein großes Volumen an Verkaufsaufträgen auf einen starken Widerstand schließen lässt. Die Kombination von Volumenanalyse und Markttiefe erlaubt fundiertere Handelsentscheidungen. So kann ein Trader beispielsweise erkennen, ob ein Ausbruch aus einer konsolidierung von hohem Volumen begleitet wird, was die Wahrscheinlichkeit eines erfolgreichen Ausbruchs erhöht. Oder er identifiziert Preislevel mit großem Kauf- oder Verkaufsinteresse, die als potenzielle Einstiegs- oder Ausstiegspunkte

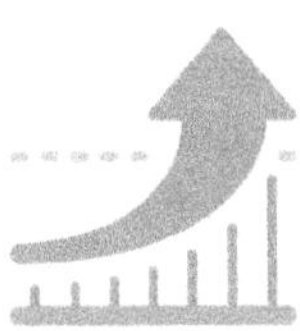

dienen können. Ein Blick auf das Orderbuch vor dem Kauf von 100 Aktien könnte zeigen, dass nur 50 Aktien zum gewünschten Preis angeboten werden. Der Trader kann dann entscheiden, ob er den höheren Preis für die restlichen 50 Aktien akzeptiert oder seine Ordermenge reduziert.

Iceberg-Orders [i5]

Darüber hinaus lassen sich mit der Markttiefe auch Manipulationen am Markt erkennen. Ein Beispiel hierfür sind sogenannte Spoofing-Orders, bei denen große Orders platziert und kurz vor Ausführung wieder zurückgezogen werden, um den Kurs künstlich zu beeinflussen. Erfahrene Trader beobachten solche Aktivitäten im Orderbuch, um nicht in die Falle zu tappen. Auch das Erkennen von Iceberg-Orders, bei denen nur ein Teil einer großen Order sichtbar ist, kann wertvolle Informationen liefern. Die Markttiefe bietet also nicht nur Einblicke in Angebot und Nachfrage, sondern auch in das Verhalten anderer Marktteilnehmer. Die Interpretation von Volumen und Markttiefe erfordert Übung und Erfahrung. Es gibt keine festen Regeln, sondern es geht darum, Muster und Zusammenhänge zu erkennen. Die Analyse des Volumens im Kontext der Markttiefe kann helfen, Fehlsignale zu vermeiden. Ein hohes Volumen an der Börse muss nicht zwangsläufig auf eine nachhaltige Kursbewegung hindeuten. Es könnte sich auch um kurzfristige Spekulation oder institutionelle Aktivitäten handeln. Durch die Betrachtung der Markttiefe kann der Trader die Qualität des Volumens besser einschätzen und seine Handelsentscheidungen optimieren. Ein Aktienkurs, der bei dünnem Orderbuch stark steigt, ist anfälliger für Rücksetzer als einer, der von massivem Kaufinteresse gestützt wird. Die Kombination beider Analysemethoden bietet somit einen entscheidenden Vorteil im Order-Flow-Trading.

Vorhersagekraft von Volumenindikatoren

Vergleich der Effektivität von Volumenindikatoren bei der Vorhersage von Kursbewegungen.

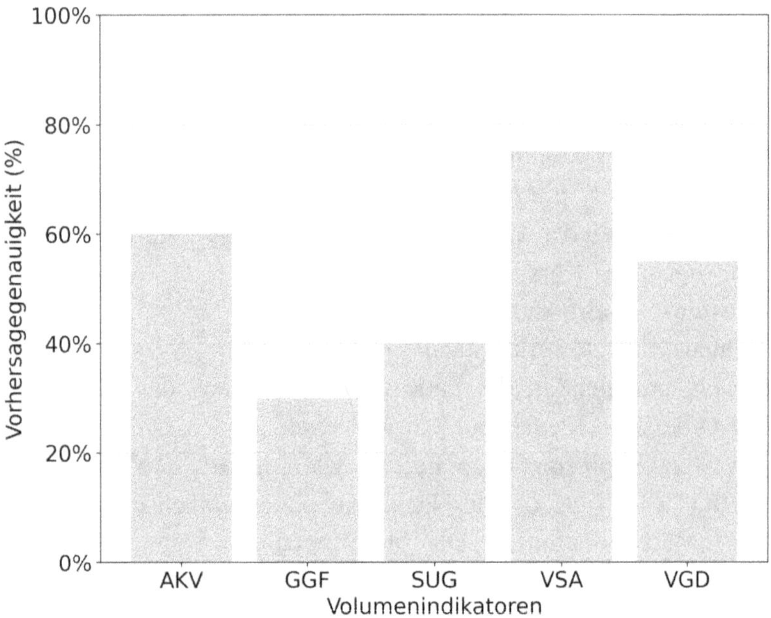

AKV: Akumulations-/Verteilungs-Index
GGF: Geldmengenfluss-Index
SUG: Saldo-Umfangs-Geschwindigkeit
VGD: Volumengewichteter Durchschnittspreis
VSA: Volumen-Spread-Analyse

Das Diagramm hebt die unterschiedlichen Vorhersagefähigkeiten verschiedener Volumenindikatoren hervor. Während die Volumen-Spread-Analyse (VSA) eine starke positive Korrelation mit erfolgreichen Trades aufweist, zeigen klassische Volumenindikatoren wie das On-Balance Volume (SUG) eine geringere Vorhersagekraft. Dies deutet darauf hin, dass die Einbeziehung von VSA in eine Orderflow-Handelsstrategie die Handelsgenauigkeit und Rentabilität erheblich verbessern könnte. Die relativ geringere Performance des Money Flow Index (GGF) deutet jedoch darauf hin, dass ein alleiniges Verlassen auf den Geldfluss möglicherweise nicht so effektiv ist.

Orderfluss-Indikatoren verstehen

Orderfluss-Indikatoren liefern Einblicke in das tatsächliche Handelsgeschehen, indem sie die Dynamik von Angebot und Nachfrage visualisieren und interpretieren. Sie gehen über die reine Betrachtung von Preis und Volumen hinaus und bieten ein detailliertes Bild der Orderaktivitäten im Markt. Unterschiedliche Indikatoren fokussieren auf verschiedene Aspekte des Orderflusses. Einige zeigen das Verhältnis von gekauften zu verkauften Kontrakten, andere die Aggressivität der Marktteilnehmer oder die Liquidität auf verschiedenen Preisniveaus.

Ein Trader, der beispielsweise den Footprint-Chart analysiert, sieht nicht nur das gehandelte Volumen an jedem Preislevel, sondern auch, ob die Transaktionen primär durch aggressive Käufer oder Verkäufer initiiert wurden. Dominieren aggressive Käufer ein bestimmtes Preislevel, könnte dies auf einen starken Support hindeuten. Umgekehrt kann ein Überhang an aggressiven Verkäufern auf einem Preislevel einen widerstand signalisieren. Diese Informationen helfen, potenzielle Einstiegs- oder Ausstiegspunkte zu identifizieren.
- Orderbuch-Imbalance: Misst die Differenz zwischen Kauf- und Verkaufsaufträgen auf verschiedenen Preisniveaus.
- Bid-Ask-Spread: Zeigt die Differenz zwischen dem höchsten Kaufgebot und dem niedrigsten Verkaufsangebot.
- Cumulative Delta: Summiert die Differenz zwischen aggressiven Kauf- und Verkaufsaufträgen über einen bestimmten Zeitraum.
- Order Flow Charts (z.B. Footprint Charts): Visualisieren den Orderfluss auf verschiedenen Preisleveln und zeigen die gehandelten Volumina sowie die Aggressivität der Marktteilnehmer.

Die Interpretation von Orderfluss-Indikatoren erfordert Übung und ein Verständnis der Marktdynamik. Ein hohes gehandeltes Volumen allein sagt noch nichts über die zukünftige Kursentwicklung aus. Erst in Kombination mit der Analyse des Orderflusses lässt sich die Qualität des Volumens beurteilen. Ein steigender Kurs, der von aggressivem Kaufverhalten begleitet wird, ist beispielsweise deutlich aussagekräftiger als ein Kursanstieg bei geringem Volumen und passiven Käufern. So kann ein Trader erkennen, ob eine Bewegung von nachhaltigem Interesse gestützt wird oder ob es sich lediglich um kurzfristige Spekulation handelt. Ein Blick auf das Orderbuch vor dem Kauf von Aktien kann einem Trader zeigen, wie viel Liquidität zu welchem Preis verfügbar ist. Stellt er fest, dass die gewünschte Menge zum Zielpreis nicht verfügbar ist, kann er seine Order anpassen oder einen anderen Einstiegspunkt wählen. Orderfluss-Indikatoren liefern also wertvolle Informationen, um Handelsentscheidungen zu optimieren und das Risiko zu minimieren. Sie ermöglichen es, die Kräfte hinter den Kursbewegungen zu verstehen und so die Wahrscheinlichkeit erfolgreicher Trades zu erhöhen. Durch die Kombination verschiedener Indikatoren und die Analyse des Orderflusses im Kontext des Gesamtmarktes entsteht ein umfassendes Bild, das dem Trader einen Vorteil verschafft. Er lernt, die Signale des Marktes präziser zu interpretieren und seine Handelsstrategien effektiver umzusetzen. So wird er in der Lage sein, sowohl kurzfristige Schwankungen als auch langfristige Trends besser zu erkennen und optimal zu handeln.

Gut zu wissen

Bid-Ask-Spread

Die Differenz zwischen dem höchsten Kaufpreis (Bid) und dem niedrigsten Verkaufspreis (Ask), die die Liquidität und die Transaktionskosten eines Wertpapiers widerspiegelt.

Cumulative Delta

Ein Indikator, der die kumulierte Differenz zwischen aggressiven Kauf- und Verkaufsaufträgen über einen bestimmten Zeitraum misst, um die Stärke eines Trends zu beurteilen.

Footprint Chart

Eine grafische Darstellung des Orderflusses, die das gehandelte Volumen auf verschiedenen Preisniveaus und die Aggressivität der Marktteilnehmer anzeigt.

Orderbuch-Imbalance

Die Differenz zwischen Kauf- und Verkaufsaufträgen zu verschiedenen Preisen, die Aufschluss über potenzielle zukünftige Preisbewegungen gibt.

Orderfluss-Indikatoren

Werkzeuge, die den Fluss von Kauf- und Verkaufsaufträgen im Markt visualisieren und analysieren, um Einblicke in die Kräfte hinter den Preisbewegungen zu geben.

Korrelation zwischen Orderfluss-Ungleichgewicht und Preisbewegung

Veranschaulicht, wie Orderfluss-Ungleichgewichte kurzfristige Preisbewegungen vorhersagen können.

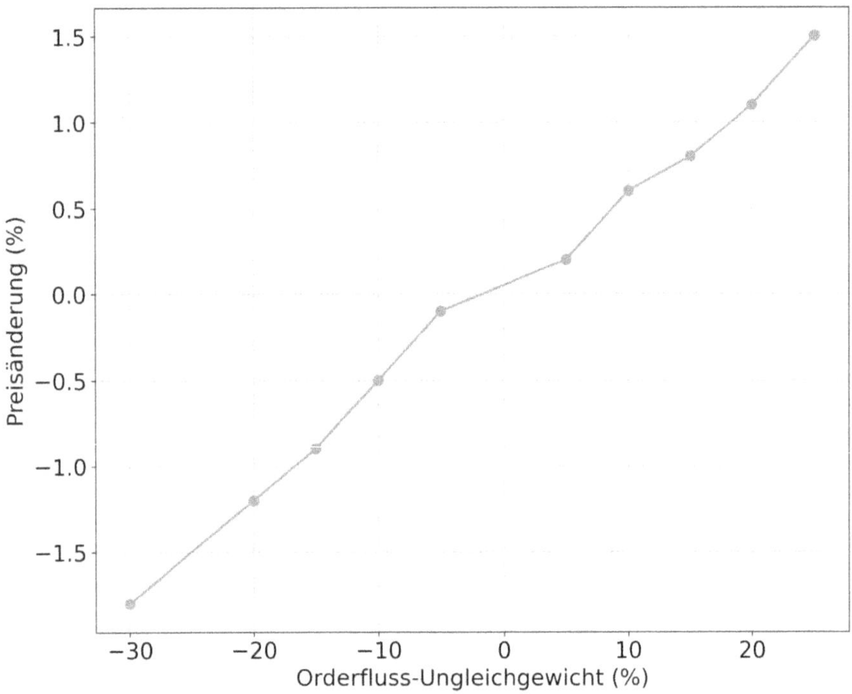

Dieses Diagramm zeigt eine positive Korrelation zwischen Orderfluss-Ungleichgewicht und nachfolgender Preisbewegung. Große Kaufungleichgewichte gehen oft Preiserhöhungen voraus, während große Verkaufsungleichgewichte oft Preisrückgängen vorausgehen. Beachten Sie, dass diese Korrelation nicht perfekt ist, was die probabilistische Natur des Handels und den Einfluss anderer Marktfaktoren hervorhebt.

Liquiditätszonen identifizieren

Liquiditätszonen identifizieren bedeutet, Preisbereiche zu finden, in denen ein hohes Kauf- und Verkaufsvolumen erwartet wird. Diese Zonen entstehen oft durch die Ansammlung von stoplossorders, Limit-Orders und anderen Pending Orders. Sie dienen Tradern als potenzielle Wendepunkte oder Beschleuniger für Kursbewegungen. Die Identifizierung dieser Zonen ist im Order-Flow-Trading essenziell, um optimale Einstiegs- und Ausstiegspunkte zu finden und das Risiko zu managen. Mehrere Methoden helfen bei der Lokalisierung von Liquiditätszonen. Eine davon ist die Analyse vorheriger Hochs und Tiefs (Swing Highs und Swing Lows). Diese Extrempunkte markieren oft Bereiche, in denen viele Trader Positionen eröffnet oder geschlossen haben und daher Stop-Loss-Orders platziert wurden. Bricht der Kurs durch ein solches vorheriges Hoch, könnten die darüber liegenden Stop-Loss-Orders ausgelöst werden, was zu einer zusätzlichen Aufwärtsbewegung führt. Genauso verhält es sich bei einem Durchbruch eines vorherigen Tiefs, wo die darunter liegenden Stop-Loss-Orders ausgelöst werden und den Kurs weiter nach unten treiben. Ein Trader, der einen Ausbruch über ein vorheriges Hoch bei 150 $ beobachtet, könnte diesen als Signal für einen Long-Einstieg interpretieren, da er antizipiert, dass die Stop-Loss-Orders oberhalb von 150 $ zusätzlichen Kaufdruck erzeugen. Eine weitere Methode ist die Analyse von Unterstützungs- und Widerstandszonen. Diese Zonen entstehen durch die Häufung von Limit-Orders. Trader platzieren Kaufaufträge nahe der Unterstützungszone und Verkaufsaufträge nahe der Widerstandszone. Ein Durchbruch durch eine dieser Zonen kann zu einer starken Kursbewegung führen, da die angestauten Orders ausgelöst werden. Ein Trader, der eine Unterstützungszone bei 100 $ identifiziert, könnte erwarten, dass der Kurs von dieser Zone abprallt. Er könnte eine Long-Position eröffnen, sobald der Kurs sich der Unterstützung nähert, mit einem Stop-Loss knapp unterhalb der Zone. Auch runde Zahlen oder psychologisch wichtige Preislevel können als Liquiditätszonen fungieren. Trader neigen dazu, ihre Orders um diese Marken zu platzieren, was zu einer erhöhten Orderdichte führt.

Ein Trader, der den Kurs sich der Marke von 50 € nähern sieht, könnte antizipieren, dass dort viele Limit-Orders platziert sind und der Kurs entweder abprallt oder beschleunigt, sobald diese Marke erreicht wird. Order-Flow-Charts, wie zum Beispiel Footprint-Charts, bieten detaillierte Einblicke in das Orderbuch und können ebenfalls zur Identifizierung von Liquiditätszonen genutzt werden. Sie zeigen, auf welchen Preisniveaus ein hohes gehandeltes Volumen stattgefunden hat und ob dieses Volumen eher von Käufern oder Verkäufern dominiert wurde. Ein Trader, der im Footprint-Chart ein Preislevel mit hohem Volumen und überwiegend aggressiven Käufen erkennt, könnte dieses Level als potenzielle Unterstützungszone interpretieren. Die Kombination verschiedener Methoden zur Identifizierung von Liquiditätszonen erhöht die Wahrscheinlichkeit, Bereiche mit hohem Orderaufkommen zu finden. Wichtig ist, die identifizierten Zonen im Kontext des Gesamtmarktes und anderer technischer Indikatoren zu betrachten. Ein erfahrener Trader kombiniert die Analyse von Liquiditätszonen mit der Interpretation des Orderflusses, um ein umfassendes Bild der Marktsituation zu erhalten und seine Handelsentscheidungen zu optimieren. Er berücksichtigt dabei auch fundamentale Daten und Nachrichten, um ein ganzheitliches Verständnis des Marktes zu entwickeln.

Gut zu wissen

Footprint Chart

Ein Footprint Chart ist eine Art von Chart, der detaillierte Informationen über das gehandelte Volumen auf verschiedenen Preisniveaus innerhalb einer bestimmten Periode darstellt. Er zeigt, wie viele Kontrakte zu jedem Preis gehandelt wurden und ob Käufer oder Verkäufer aggressiver waren. Footprint Charts werden im Order-Flow-Trading verwendet, um Liquiditätszonen und Orderflussmuster zu identifizieren.

Unterstützungszone

Eine Unterstützungszone ist ein Preisbereich, in dem erwartet wird, dass der Kursrückgang stoppt, da dort eine erhöhte Kaufnachfrage besteht. Im Order-Flow-Trading werden Unterstützungszonen oft durch die Häufung von Limit-Orders und Stop-Buy-Orders gebildet.

Widerstandszone

Eine Widerstandszone ist ein Preisbereich, in dem erwartet wird, dass der Kursanstieg stoppt, da dort ein erhöhtes Verkaufsangebot besteht. Im Order-Flow-Trading werden Widerstandszonen oft durch die Häufung von Limit-Orders und Stop-Loss-Orders gebildet.

Liquiditätszonen im Orderflow-Trading

Visualisierung der Liquidität des Preisniveaus basierend auf der Orderbuchdichte und dem gehandelten Volumen.

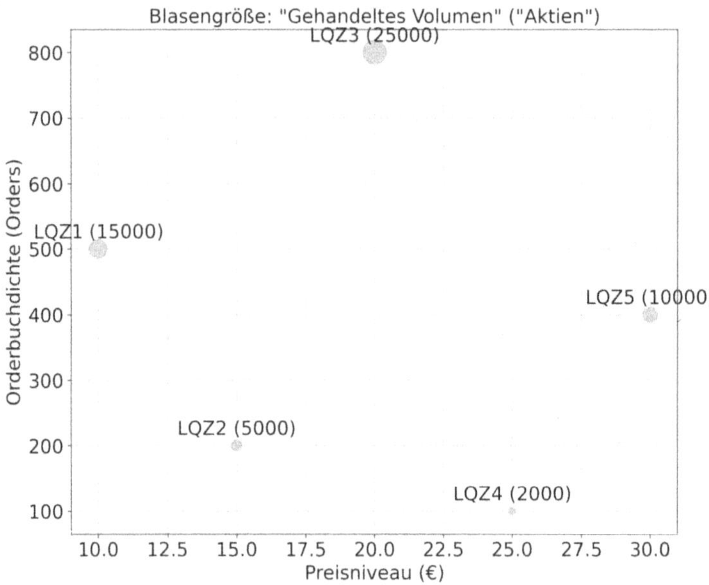

Blasengröße: Gehandeltes Volumen (Aktien)

LQZ1: Liquiditätszone 1 LQZ2: Liquiditätszone 2

LQZ3: Liquiditätszone 3 LQZ4: Liquiditätszone 4

LQZ5: Liquiditätszone 5

Hochvolumige Cluster auf bestimmten Preisniveaus weisen auf starke Liquiditätszonen hin, die auf potenzielle Unterstützung oder Widerstand hindeuten. Bereiche mit geringem Volumen und geringer Orderbuchdichte stellen eine schwächere Liquidität dar, in der Preisbewegungen volatiler sein könnten. Händler können diese Informationen nutzen, um optimale Ein- und Ausstiegspunkte zu identifizieren, Slippage zu minimieren und die Handelseffizienz zu maximieren.

Konkrete Ratschläge

- Analysieren Sie das Orderbuch auf sich wiederholende Muster im Auftragsverhalten anderer Marktteilnehmer.
- Konzentrieren Sie sich auf Preislevel im Orderbuch, an denen signifikante Änderungen der Ordergröße oder -anzahl auftreten.
- Beobachten Sie, wie sich die Markttiefe kurz vor und nach wichtigen Nachrichtenereignissen verändert, um die Reaktion des Marktes besser zu verstehen.
- Verfolgen Sie die Ausführungsgeschwindigkeit von Orders im Orderbuch, um die aktuelle Liquidität und das potenzielle Momentum zu bewerten.
- Identifizieren Sie Preislevel im Orderbuch, an denen Orders besonders schnell oder langsam ausgeführt werden und nutzen Sie diese Information für Ihre Entscheidungen.
- Entwickeln Sie ein System, um die Aggressivität der Marktteilnehmer anhand des Orderbuchs zu quantifizieren, indem Sie beispielsweise das Verhältnis von Market-Orders zu Limit-Orders betrachten.
- Beobachten Sie die Verschiebung großer Orders im Orderbuch, um potenzielle Stützung oder Widerstandsniveaus zu erkennen.
- Vergleichen Sie die Markttiefe verschiedener Handelsplätze, um den optimalen Ausführungsort für Ihre Orders zu finden.
- Üben Sie das Lesen des Orderbuchs mit historischen Daten, um ein Gefühl für die Dynamik von Angebot und Nachfrage zu entwickeln.
- Entwickeln Sie ein Frühwarnsystem, das Sie auf ungewöhnliche Aktivitäten im Orderbuch aufmerksam macht, wie zum Beispiel plötzliche Orderstornierungen oder das Auftreten großer, versteckter Orders.

Rückblick - 2. Handelsstrategien und Methoden

Der Handel an den Finanzmärkten erfordert ein tiefes Verständnis verschiedener Strategien und Methoden, um erfolgreich zu agieren. "Trading Strategien: Erfolgreicher Börsenhandel mit Swing Trading und Order Flow Techniken" bietet hierfür eine fundierte Grundlage. Dieser reflektierende Text baut auf den Kernkonzepten des Buches auf und erweitert sie um praxisnahe Handlungsempfehlungen und strategische Überlegungen für Ihre persönliche Trading-Reise.

Trendfolgestrategien, wie im Buch beschrieben, basieren auf der Ausnutzung bestehender Trends. Anstatt den Markt zu timen, sollten Sie sich auf die Identifikation und das Mitlaufen etablierter Trends konzentrieren. Hierbei ist Geduld entscheidend. Warten Sie auf Rücksetzer innerhalb des Trends, um zu günstigeren Preisen einzusteigen. Die Kombination von technischen Indikatoren wie gleitenden Durchschnitten, MACD und RSI kann die Trefferquote Ihrer Signale erhöhen. Denken Sie jedoch daran, dass kein Indikator perfekt ist und Fehlsignale unvermeidlich sind. Deshalb ist ein robustes Risikomanagement mit klar definierten Stop-Loss-Orders unerlässlich. Bestimmen Sie Ihre Positionsgröße so, dass ein einzelner Verlust Ihr Gesamtkapital nicht gefährdet. Ein wichtiger Aspekt, der oft übersehen wird, ist die psychologische Komponente. Gier und Angst können zu impulsivem Handeln führen. Disziplin und die konsequente Befolgung Ihres Trading-Plans sind daher entscheidend für Ihren langfristigen Erfolg.

Gegenbewegungshandel, auch Contrarian-Strategie genannt, erfordert ein anderes Mindset. Sie positionieren sich gegen den aktuellen Trend und setzen auf eine bevorstehende Umkehr. Hierbei ist die Fundamentalanalyse entscheidend, um zwischen kurzfristigen Schwankungen und tatsächlichen Trendwenden zu unterscheiden. Technische Indikatoren wie der RSI oder der Stochastic Oscillator können Ihnen helfen, überkaufte oder überverkaufte Marktbedingungen zu identifizieren. Beachten Sie jedoch, dass auch diese Strategie nicht ohne Risiken ist. Der Markt kann länger irrational bleiben, als Sie solvent sind. Daher ist auch hier ein striktes Risikomanagement mit Stop-Loss-Orders und einer angemessenen Positionsgröße unerlässlich. Testen Sie diese Strategie zunächst in einem Demokonto, um Erfahrungen zu sammeln und Ihre Fähigkeiten zu verfeinern, bevor Sie reales Kapital einsetzen.

Order-Flow-Trading bietet eine weitere Perspektive. Hier konzentrieren Sie sich auf das tatsächliche Handelsgeschehen und analysieren die Dynamik von Angebot und Nachfrage. Werkzeuge wie Footprint-Charts und Orderbuch-Analysen ermöglichen Ihnen, Liquiditätszonen zu identifizieren und die Aggressivität der Marktteilnehmer einzuschätzen. Diese Informationen können Ihnen einen entscheidenden Vorteil verschaffen, indem Sie optimale Einstiegs- und Ausstiegspunkte erkennen und Ihre Orderausführung optimieren. Die Kombination von Volumenanalyse, Markttiefe und Orderfluss-Indikatoren erlaubt es Ihnen, ein umfassendes Bild des Marktes zu entwickeln und fundiertere Handelsentscheidungen zu treffen. Allerdings erfordert Order-Flow-Trading ein hohes Maß an Erfahrung und Expertise. Investieren Sie Zeit in die Weiterbildung und üben Sie die Anwendung dieser Techniken, bevor Sie sie im Live-Trading einsetzen.

Die Reise zum erfolgreichen Trader ist ein kontinuierlicher Lernprozess. Experimentieren Sie mit verschiedenen Strategien, finden Sie Ihren individuellen Handelsstil und entwickeln Sie einen robusten Trading-Plan, der zu Ihrer Persönlichkeit und Ihren Zielen passt. Seien Sie geduldig, diszipliniert und bleiben Sie stets lernbereit. Der Erfolg an den Finanzmärkten ist kein Sprint, sondern ein Marathon. Mit der richtigen Einstellung, kontinuierlicher Weiterbildung und dem Willen zur stetigen Verbesserung können Sie Ihre Trading-Ziele erreichen und langfristig profitable Ergebnisse erzielen.

3. Fortgeschrittene Handelstechniken

Haben Sie sich jemals gefragt, warum manche Trader selbst in volatilen Märkten konstant Gewinne erzielen? Der Unterschied zwischen durchschnittlichen und außergewöhnlichen Handelsergebnissen liegt oft nicht in komplexen Systemen, sondern in der präzisen Anwendung fortgeschrittener Techniken und deren Kombination zu einem kohärenten Ansatz. Während Anfänger häufig nur auf einzelne Preisbewegungen reagieren, nutzen erfahrene Händler Muster und Strukturen, die für ungeübte Augen unsichtbar bleiben. Die Beherrschung dieser Methoden erfordert mehr als theoretisches Wissen – sie verlangt ein tiefes Verständnis der Marktdynamik und die Fähigkeit, verschiedene Analysewerkzeuge synchron einzusetzen. In diesem Kapitel enthüllen wir jene Schlüsseltechniken, die Ihre Handelsergebnisse auf ein neues Niveau heben können.

3. 1 Fibonacci Trading

Fibonacci-Trading nutzt mathematische Verhältnisse, um potenzielle Unterstützungs- und Widerstandszonen sowie Kursziele im Markt zu identifizieren. Diese Techniken, basierend auf der Fibonacci-Sequenz, helfen Tradern, Ein- und Ausstiegspunkte zu optimieren und das Risikomanagement zu verbessern. Die Herausforderung besteht darin, diese Werkzeuge im Kontext anderer Marktindikatoren und -dynamiken korrekt zu interpretieren. Meistern Sie Fibonacci-Analysen und erschließen Sie sich ein neues Level der Marktvorhersage.

Die Kombination von Fibonacci-Preis- und Zeittechniken erhöht die Wahrscheinlichkeit, profitable Trades zu identifizieren, da sowohl potenzielle Umkehrpunkte im Preis als auch im Zeitverlauf berücksichtigt werden.

Fibonacci-Retracements anwenden

Fibonacci-Retracements helfen, potenzielle Unterstützungs- und Widerstandsniveaus in einem Chart zu identifizieren. Sie basieren auf den Fibonacci-Zahlen, einer mathematischen Folge, bei der jede Zahl die Summe der beiden vorhergehenden Zahlen ist (z. B. 1, 1, 2, 3, 5, 8). Für die technische Analyse werden bestimmte Verhältnisse aus dieser Zahlenfolge abgeleitet, die als Retracement-Level bezeichnet werden. Die wichtigsten Level sind 23,6 %, 38,2 %, 50 %, 61,8 % und 78,6 %. Diese Level werden auf eine vorherige Kursbewegung – von einem Tiefpunkt zu einem Hochpunkt oder umgekehrt – angewendet, um potenzielle Umkehrpunkte zu finden. Steigt ein Kurs beispielsweise von 10 € auf 20 €, würde das 38,2 %-Retracement bei 16,18 € liegen (20 € - (10 € * 0,382)). Bricht der Kurs nach dem Anstieg wieder ein, könnte dieses Level als Unterstützung dienen. [s10] Die Anwendung von Fibonacci-Retracements ist kein Garant für zukünftige Kursbewegungen, sondern ein Werkzeug, das die Wahrscheinlichkeit für Unterstützung oder Widerstand an bestimmten Preisniveaus erhöht. Ein Trader kann diese Level nutzen, um seine Ein- und Ausstiegsstrategien zu optimieren. So könnte er beispielsweise einen Kauf in Erwägung ziehen, wenn der Kurs sich dem 38,2 %-Retracement-Level nähert, in der Erwartung, dass der Kurs an diesem Punkt wieder steigt. Wichtig ist, Retracements nicht isoliert zu betrachten, sondern mit anderen Indikatoren und Analysemethoden zu kombinieren. Die Kombination mit gleitenden Durchschnitten oder Chartmustern kann die Zuverlässigkeit der Signale erhöhen. Ein gleitender Durchschnitt, der das 38,2%-Retracement-Level schneidet, könnte beispielsweise ein stärkeres Kaufsignal generieren. Die Stärke eines Retracement-Levels hängt auch vom betrachteten Zeitrahmen ab. Auf einem Tageschart identifizierte Retracements haben in der Regel eine höhere Bedeutung als die auf einem 5-Minuten-Chart. Ein langfristiger Trend kann durch kurzfristige Retracements unterbrochen werden, ohne dass sich die Gesamtentwicklung ändert. Daher ist es ratsam, Fibonacci-Retracements auf verschiedenen Zeitebenen zu analysieren, um ein umfassenderes Bild der Marktstruktur zu erhalten. Neben den klassischen Retracement-Levels gibt es auch Erweiterungen, die

über das 100%-Level hinausgehen. Diese sogenannten Fibonacci-Extensions können verwendet werden, um potenzielle Kursziele für die nächste Aufwärtsbewegung zu prognostizieren. Gängige Extension-Levels sind 127,2 %, 161,8 % und 261,8 %. Hat der Kurs im vorherigen Beispiel das 38,2%-Retracement bei 16,18 € als Unterstützung bestätigt und steigt wieder, könnte das 127,2%-Extension-Level ein mögliches Kursziel für die Aufwärtsbewegung darstellen. Die Integration von Fibonacci-Retracements in Fuzzy-Zeitreihenmodelle kann die Prognosequalität verbessern. Fuzzy-Zeitreihen ermöglichen die Analyse von unscharfen Daten, wie sie im Finanzmarkt häufig vorkommen. [s10] Durch die Kombination mit Retracements können die Fuzzy-Modelle präzisere Aussagen über zukünftige Kursentwicklungen treffen. Die Retracement-Level dienen dabei als zusätzliche Information, um die Unschärfe der Zeitreihendaten zu reduzieren. Diese Methode kann insbesondere bei der Vorhersage von Aktienkursen hilfreich sein, wie Studien am Beispiel der Bank Rakyat Indonesia zeigen. [s10] Die Anwendung von Fibonacci-Retracements erfordert Übung und Erfahrung. Es ist wichtig, die verschiedenen Level und ihre Bedeutung im Kontext des jeweiligen Marktes zu verstehen. Durch die Kombination mit anderen Analysemethoden und die Berücksichtigung verschiedener Zeitrahmen können Trader die Effektivität dieses Werkzeugs maximieren.

Fibonacci-Zahlen [i6]

Gut zu wissen

Fibonacci-Extensions

Fibonacci-Extensions sind Kursziele, die über den vorherigen Höchststand hinausgehen und potenzielle Bereiche für die nächste Aufwärtsbewegung aufzeigen.

Fibonacci-Zahlen

Eine mathematische Folge, beginnend mit 0 und 1, bei der jede Zahl die Summe der beiden vorhergehenden Zahlen ist (z.B. 0, 1, 1, 2, 3, 5, 8, 13). Diese Folge bildet die Grundlage für die Berechnung der Fibonacci-Retracements und -Extensions.

Fuzzy-Zeitreihen

Fuzzy-Zeitreihen sind ein mathematisches Modell, das Unsicherheiten und Ungenauigkeiten in Daten berücksichtigt, wie sie in Finanzmärkten häufig vorkommen.

Gleitende Durchschnitte

Gleitende Durchschnitte glätten Preisdaten über einen bestimmten Zeitraum, um Trends zu identifizieren und Handelssignale zu generieren. Sie können verwendet werden, um Kauf- und Verkaufsentscheidungen zu treffen.

Unterstützungsniveau

Ein Unterstützungsniveau ist ein Preisbereich, bei dem erwartet wird, dass der Kaufdruck den Verkaufsdruck übersteigt und den Preisrückgang stoppt.

Fibonacci-Retracement-Trefferquoten

Erfolgsquoten der Fibonacci-Retracement-Level.

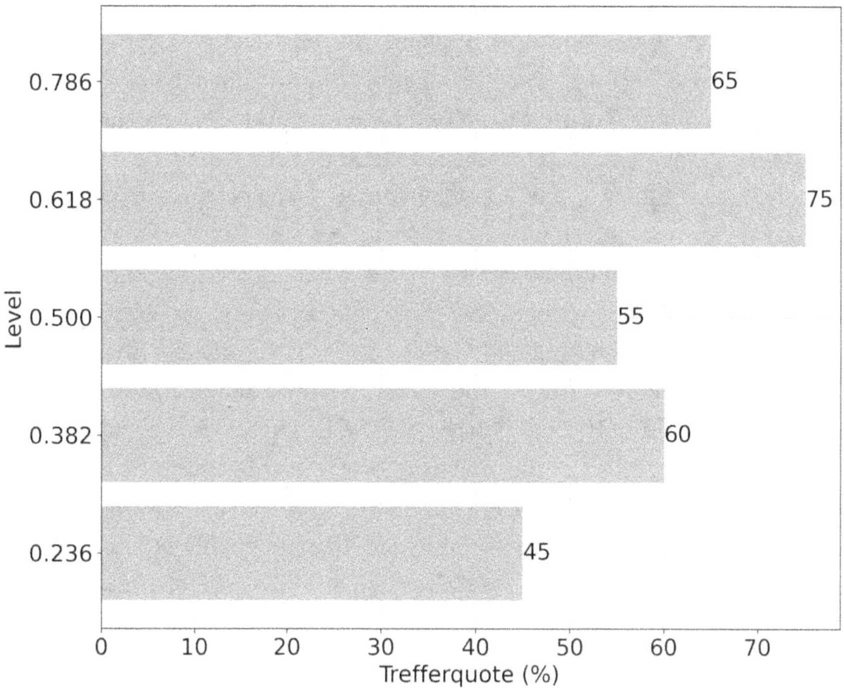

0.236: 0.236

0.382: 0.382

0.500: 0.500

0.618: 0.618

0.786: 0.786

Das Diagramm zeigt unterschiedliche Erfolgsquoten für verschiedene Fibonacci-Retracement-Level. Der Level 0.618 zeigt die höchste Wahrscheinlichkeit einer Reaktion der Preisbewegung, was darauf hindeutet, dass es sich um einen starken Unterstützungs-/Widerstandsbereich handelt. Während andere Level ebenfalls auf potenzielle Umkehrpunkte hindeuten, erscheint ihre Wirksamkeit weniger konsistent.

fibonacciextensions als Kursziele

Fibonacci-Extensions bieten die Möglichkeit, potenzielle Kursziele nach einer Korrekturbewegung zu bestimmen. Sie projizieren die ursprüngliche Kursbewegung über das 100%-Level hinaus und basieren, wie die retracements, auf den Fibonacci-Verhältnissen. Üblicherweise verwendete Extensions sind 127,2%, 161,8% und 261,8%. Diese Werte entstehen durch die Multiplikation der vorherigen Kursbewegung mit den entsprechenden Fibonacci-Verhältnissen. Um diese Methode anzuwenden, misst man zunächst die Distanz einer Kursbewegung – beispielsweise von einem Tiefpunkt zu einem Hochpunkt. Diese Spanne wird dann mit den Extension-Levels multipliziert und vom Ende der Korrekturbewegung aus projiziert. Angenommen, ein Wertpapier steigt von 20€ auf 30€ und korrigiert anschließend bis auf 25€. Die Spanne der Aufwärtsbewegung beträgt 10€. Das 161,8%-Extension-Level liegt dann bei 41,18€ (10€ * 1,618 + 25€). Dieses Level könnte als mögliches Kursziel für die nächste Aufwärtsbewegung dienen. Die Stärke der Extensions als Kursziel hängt von verschiedenen Faktoren ab, wie der allgemeinen Marktlage und dem betrachteten Zeitrahmen. In einem starken Aufwärtstrend erreichen Kurse häufiger höhere Extension-Levels als in einem schwachen Markt. Auf höheren Zeitebenen – wie Wochen- oder Monatscharts – haben die Extensions tendenziell eine höhere Bedeutung als auf kurzfristigen Charts. Ergänzend zu den Standard-Extensions (127,2%, 161,8%, 261,8%) nutzen manche Trader auch weitere Level wie 200% oder 423,6%. Die Wahl der relevanten Extensions hängt von der individuellen Handelsstrategie und dem jeweiligen Markt ab.

Es ist ratsam, Fibonacci-Extensions nicht isoliert zu betrachten, sondern in Kombination mit anderen technischen Analysemethoden, wie chartmustern, Trendlinien oder Indikatoren, zu verwenden. So könnte ein Ausbruch über eine Widerstandslinie in der Nähe des 161,8%-Extension-Levels ein starkes Kaufsignal darstellen.

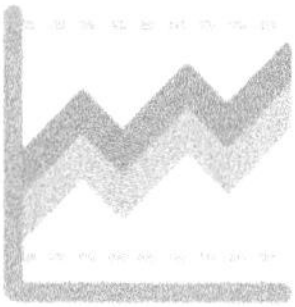

Konvergieren mehrere Indikatoren oder Chartmuster an einem Extension-Level, erhöht sich die Wahrscheinlichkeit, dass dieses Level als Kursziel erreicht wird.

- Berücksichtigen Sie verschiedene Extension-Levels: Analysieren Sie nicht nur ein einzelnes Level, sondern beobachten Sie mehrere Extensions, um ein umfassenderes Bild zu erhalten.
- Kombinieren Sie Extensions mit anderen Indikatoren: Nutzen Sie beispielsweise Volumenindikatoren, um die Stärke einer Bewegung in Richtung des Extension-Levels zu beurteilen.
- Beachten Sie den Kontext des Marktes: In einem volatilen Markt können Extensions schneller erreicht oder überschritten werden als in einem ruhigen Markt.
- Passen Sie Ihre Strategie an den Zeitrahmen an: Auf kürzeren Zeitrahmen können Extensions als kurzfristige Gewinnziele dienen, während sie auf längeren Zeitrahmen eher langfristige Kursziele darstellen.

Durch die Kombination von Fibonacci-Extensions mit anderen Analysemethoden und die Berücksichtigung des jeweiligen Marktkontextes können Trader die Extensions effektiv nutzen, um potenzielle Kursziele zu identifizieren und ihre Handelsentscheidungen zu optimieren. Wie bei allen technischen Analysemethoden bieten auch Fibonacci-Extensions keine Garantie für zukünftige Kursentwicklungen. Sie dienen als Werkzeug, um Wahrscheinlichkeiten abzuschätzen und das Risikomanagement zu verbessern. Ein disziplinierter Umgang mit stoplossorders bleibt unerlässlich.

Fibonacci-Erweiterungen vs. tatsächliche Kursziele

Korrelation zwischen Fibonacci-Erweiterungsstufen und beobachteten Kurszielen.

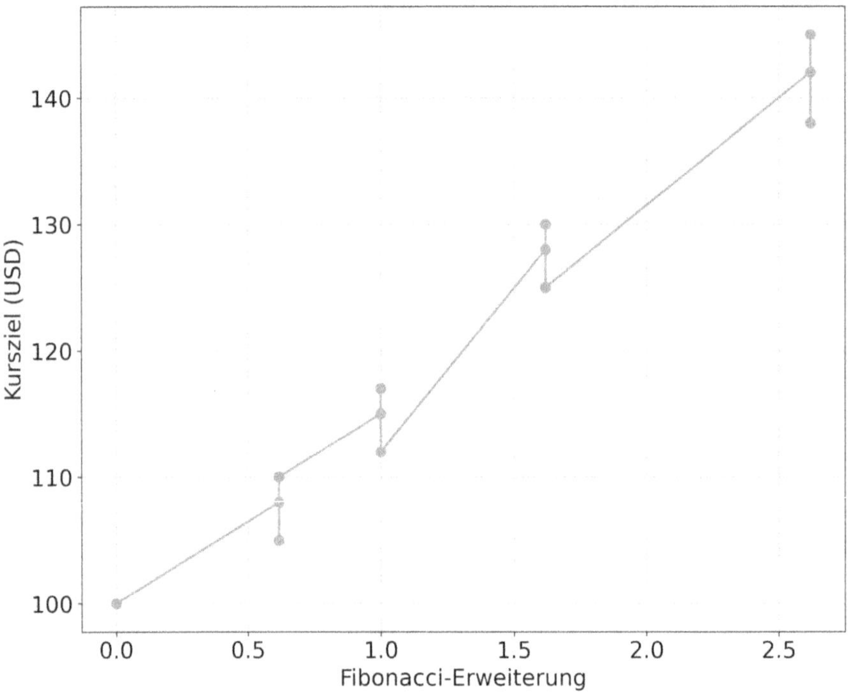

Dieses Diagramm zeigt eine moderate Korrelation zwischen den projizierten Fibonacci-Erweiterungsstufen und den tatsächlich erreichten Kurszielen. Obwohl sie kein perfekter Prädiktor sind, scheinen die Erweiterungen als Widerstands- und Unterstützungsstufen zu wirken und die Kursbewegung zu beeinflussen. Beachten Sie die Häufung der Kursbewegung um die Erweiterungsstufen 1,618 und 2,618, was darauf hindeutet, dass dies wichtige Interessensgebiete für Händler sind.

Zeittechniken mit Fibonacci

Zeittechniken mit Fibonacci erweitern die Analyse der Preisniveaus um die Dimension der Zeit. Anstatt nur zu fragen, *wo* ein Kurs drehen könnte, untersuchen diese Techniken, *wann* eine Trendwende wahrscheinlich ist. Dabei kommen primär Fibonacci-Zahlen und -Verhältnisse zum Einsatz, um Zeitintervalle zu projizieren. Diese Intervalle werden vom Beginn einer signifikanten Kursbewegung gemessen und geben potenzielle Zeitpunkte für Trendwechsel oder Kursbeschleunigungen an. Eine häufig genutzte Methode ist die Fibonacci-Zeitprojektion. Hierbei werden die Fibonacci-Zahlen (1, 2, 3, 5, 8, 13, 21 usw.) als Tage, Wochen oder Monate interpretiert. Ausgehend von einem markanten Hoch- oder Tiefpunkt werden diese Zeitintervalle in die Zukunft projiziert. So könnten nach einem starken Kursanstieg am Tag 0 beispielsweise die Tage 2, 3, 5, 8, 13 und 21 als potenzielle Wendepunkte markiert werden. Fällt der Kurs innerhalb dieser Zeitspanne, könnte das 13-Tage-Intervall vom ursprünglichen Tiefpunkt aus gemessen, einen möglichen Zeitpunkt für eine Umkehr oder konsolidierung anzeigen. Eine weitere Technik verwendet Fibonacci-Fächer. Diese Fächer entstehen, indem Trendlinien vom Startpunkt einer Kursbewegung in verschiedenen Fibonacci-Winkeln (z.B. 38,2°, 50° und 61,8°) eingezeichnet werden. Diese Linien können als dynamische Unterstützungs- und Widerstandszonen dienen. Ein Kurs, der sich dem 38,2°-Fächer nähert, könnte dort Unterstützung finden und erneut steigen. Der Schnittpunkt zweier Fächer kann auf einen besonders wichtigen Zeitpunkt hindeuten. Fibonacci-Zeitzyklen stellen eine dritte Methode dar. Hierbei wird versucht, wiederkehrende Muster in der Kursentwicklung zu identifizieren, die auf Fibonacci-Zahlen basieren. Ein Zyklus von 8 Tagen könnte bedeuten, dass sich bestimmte Kursmuster alle 8 Tage wiederholen. Die Identifikation solcher Zyklen ist komplex und erfordert Erfahrung in der Chartanalyse. Ein Zyklus von 5 Wochen, der in der

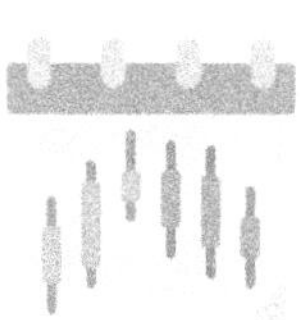

Vergangenheit zuverlässig war, könnte in Zukunft genutzt werden, um wahrscheinliche Wendepunkte zu antizipieren. Die Kombination von Zeit- und Preisanalysen mit Fibonacci-Werkzeugen kann die Prognosequalität deutlich steigern. So könnte ein 38,2%-Retracement, das mit einer Fibonacci-Zeitprojektion von 8 Tagen zusammenfällt, ein starkes Signal für einen Trade liefern. Es ist jedoch wichtig, Zeittechniken mit Fibonacci nicht isoliert zu betrachten, sondern mit anderen Indikatoren und Analysemethoden zu kombinieren. Die Integration von Volumenanalyse oder Candlestick-Mustern kann die Zuverlässigkeit der Signale erhöhen. Zudem sollten Trader verschiedene Zeitebenen analysieren, da Zeitprojektionen auf einem Tageschart eine andere Bedeutung haben als auf einem 5-Minuten-Chart. Ein langfristiger Trend kann durch kurzfristige Schwankungen unterbrochen werden, ohne die Gesamtentwicklung zu beeinflussen. Durch die Kombination verschiedener Methoden und die Berücksichtigung des jeweiligen Marktkontextes können Trader die Effektivität der Fibonacci-Zeittechniken maximieren und ihre Handelsentscheidungen fundierter treffen.

Fibonacci-Handelszeit-Analyse

Zusammenhang zwischen Preisvolatilität und Handelsvolumen bei Fibonacci-Zeitsequenzen.

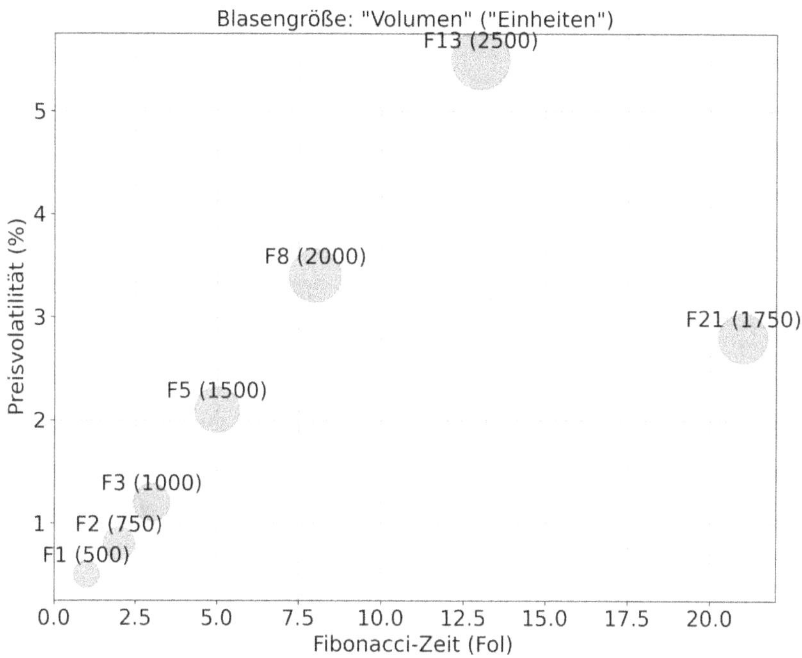

Blasengröße: Volumen (Ein)

F1: Fibonacci 1

F2: Fibonacci 2

F3: Fibonacci 3

F8: Fibonacci 8

F13: Fibonacci 13

F21: Fibonacci 21

F5: Fibonacci 5

Das Diagramm legt eine Korrelation zwischen Fibonacci-Zeitsequenzen und erhöhter Preisvolatilität nahe. Cluster mit größeren Volumina deuten auf potenzielle Wendepunkte oder signifikante Preisbewegungen um diese Zeitmarken herum hin. Kürzere Sequenzen scheinen mit einer geringeren Volatilität zu korrelieren, während längere Sequenzen oft mit Perioden erhöhter Handelsaktivität und größerer Preisschwankungen zusammenfallen.

Konkrete Ratschläge

- Verfolgen Sie die Kursentwicklung nach dem Bruch eines Fibonacci-Levels.
- Notieren Sie, wie oft ein bestimmtes Fibonacci-Retracement oder -Extension als Unterstützung oder Widerstand wirkt.
- Erstellen Sie eine Heatmap der Fibonacci-Level für Ihre bevorzugten Wertpapiere, um Häufungen zu erkennen.
- Nutzen Sie Fibonacci-Fächer, um dynamische Unterstützungs- und Widerstandslinien zu identifizieren.
- Kombinieren Sie Fibonacci-Retracements mit Candlestick-Mustern, um die Wahrscheinlichkeit einer Trendumkehr zu erhöhen.
- Experimentieren Sie mit der Verschiebung des Start- und Endpunkts Ihrer Fibonacci-Analyse, um die Robustheit der Level zu testen.
- Vergleichen Sie die Fibonacci-Level auf verschiedenen Zeitebenen, um übergeordnete und untergeordnete Trends zu unterscheiden.
- Beobachten Sie, wie sich das Volumen an den Fibonacci-Levels verändert, um die Stärke des Signals zu beurteilen.
- Setzen Sie Ihre Stop-Loss-Orders knapp unterhalb wichtiger Fibonacci-Unterstützungslevel, um Verluste zu begrenzen.
- Nutzen Sie Fibonacci-Extensions, um realistische Gewinnziele für Ihre Trades festzulegen.
- Analysieren Sie, wie sich fundamentale Nachrichten auf die Gültigkeit von Fibonacci-Levels auswirken.
- Integrieren Sie Fibonacci-Projektionen in Ihre Zeitserienanalyse, um potenzielle Wendepunkte zu antizipieren.
- Entwickeln Sie ein automatisiertes Handelssystem, das auf Fibonacci-Signalen basiert und testen Sie es im Musterdepot.

3. 2 Options Trading

Optionshandel bietet flexible Möglichkeiten, von Marktbewegungen in verschiedenen Phasen zu profitieren. Von Long Calls in Bullenmärkten bis zu Short Strangles in Seitwärtsmärkten eröffnen sich Chancen, aber auch Herausforderungen im Risikomanagement. Die Wahl der richtigen Strategie hängt von Faktoren wie Marktphase, Volatilität und Zeitfenster ab. Delta-neutrales Positionsmanagement ermöglicht die Minimierung des Risikos durch Kursänderungen des Basiswerts. Die Umsetzung erfordert jedoch ein Verständnis von Delta, dynamischem Hedging und den Grenzen von Preismodellen. Beherrschen Sie die Feinheiten des Optionshandels und erschließen Sie sich ein neues Spektrum an Trading-Möglichkeiten.

Erfolgreicher Optionshandel erfordert die Abstimmung der Strategie auf die Marktphase (Bullen-, Bären- oder Seitwärtsmarkt), die implizite Volatilität und die Restlaufzeit der Option sowie ein aktives Risikomanagement.

Optionsstrategien für verschiedene Marktphasen

Optionsstrategien sollten sich an der jeweiligen Marktphase orientieren. In einem Bullenmarkt, der durch steigende Kurse gekennzeichnet ist, bieten sich andere Strategien an als in einem Bärenmarkt mit fallenden Kursen. Auch Seitwärtsmärkte erfordern eine angepasste Herangehensweise. Im Bullenmarkt können Long Calls eine attraktive Option sein. Mit ihnen partizipiert man überproportional an steigenden Kursen des Basiswerts. Alternativ bieten sich auch Bull Spreads an. Diese Strategie begrenzt zwar den maximalen Gewinn, reduziert aber gleichzeitig das Risiko im Vergleich zum einfachen Kauf von Calls. Kauft man beispielsweise einen Call mit einem Ausübungspreis von 100$ und verkauft gleichzeitig einen Call mit einem Ausübungspreis von 110$, profitiert man von Kurssteigerungen bis 110$, darüber hinaus bleibt der Gewinn konstant. In einem Bärenmarkt bieten sich umgekehrt Long Puts an, um von fallenden Kursen zu profitieren. Analog zu den Bull Spreads im Bullenmarkt können Bear Spreads das Risiko im Bärenmarkt reduzieren. Hier verkauft man einen Put mit einem niedrigeren Ausübungspreis und kauft gleichzeitig einen Put mit einem höheren Ausübungspreis. Sollte der Kurs des Basiswerts unter den niedrigeren Ausübungspreis fallen, bleibt der Gewinn konstant. In einem Seitwärtsmarkt, in dem die Kurse innerhalb einer bestimmten Bandbreite schwanken, bieten sich Strategien an, die von geringer Volatilität profitieren. Hierzu zählen Short Strangles oder Short Iron Condors. Bei einem Short Strangle verkauft man gleichzeitig einen Call und einen Put mit unterschiedlichen Ausübungspreisen, aber gleichem Verfallsdatum. Der Short Iron Condor erweitert diese Strategie, indem zusätzlich jeweils ein weiterer Call und Put mit noch weiter außen liegenden Ausübungspreisen gekauft werden, um das maximale Verlustrisiko zu begrenzen. Diese Strategien profitieren von einer Prämienreduktion durch Zeitverfall (Theta) und geringer Volatilität (Vega). Bewegt sich der Kurs des Basiswerts nur wenig und bleibt zwischen den verkauften Optionen, erzielt man den maximalen Gewinn.

der der erhaltenen Prämie entspricht. Neben der reinen Betrachtung der Marktphase spielen auch die implizite_volatilitaet und das Zeitfenster eine Rolle. Eine hohe implizite Volatilität kann beispielsweise die Prämien von Optionen erhöhen und damit die Attraktivität von Short-Optionen Strategien steigern. Das Zeitfenster, also die Restlaufzeit der Optionen, beeinflusst ebenfalls den Optionspreis. Je länger die Restlaufzeit, desto teurer ist in der Regel die Option. Die Wahl der richtigen Optionsstrategie ist komplex und hängt von verschiedenen Faktoren ab. Ein fundiertes Verständnis der Marktmechanismen und der verschiedenen Optionsstrategien ist unerlässlich für den Erfolg im Optionshandel. Anleger sollten ihre Strategien stets an ihre individuellen Risikobereitschaft und ihre Marktprognose anpassen. Eine detaillierte Analyse des Basiswerts und der Marktbedingungen ist ebenso wichtig wie die kontinuierliche Überwachung der Positionen und gegebenenfalls eine Anpassung der Strategie. Gerade für Einsteiger empfiehlt es sich, zunächst mit kleineren Positionen und weniger komplexen Strategien zu beginnen, um Erfahrung zu sammeln und das Risikomanagement zu optimieren. Zusätzlich können Paper-Trading-Konten hilfreich sein, um Strategien in einem simulierten Umfeld zu testen, bevor reales Kapital eingesetzt wird. So lässt sich das Verständnis für die Funktionsweise von Optionen und die Auswirkungen verschiedener Marktbedingungen vertiefen, ohne finanzielle Verluste zu riskieren. Die Kombination aus theoretischem Wissen, praktischer Übung und einem disziplinierten Risikomanagement bildet die Grundlage für einen erfolgreichen Optionshandel. Es ist ratsam, sich kontinuierlich fortzubilden und die eigenen Strategien kritisch zu hinterfragen, um langfristig erfolgreich zu sein. Die fortschreitende Digitalisierung bietet zahlreiche Möglichkeiten, sich über aktuelle Marktentwicklungen und neue Strategien zu informieren. Online-Kurse, Webinare und Fachliteratur bieten wertvolle Unterstützung.

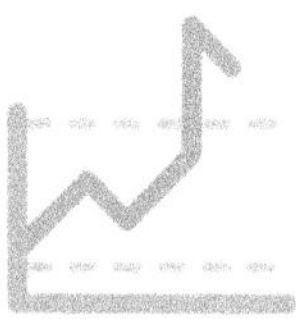

Gut zu wissen

Ausübungspreis

Der festgelegte Preis, zu dem der Basiswert bei Ausübung der Option gekauft oder verkauft werden kann.

Bull Spread

Eine Optionsstrategie, die durch den Kauf und Verkauf von Calls mit unterschiedlichen Ausübungspreisen Gewinnpotenzial bei steigendem Basiswertkurs bietet, aber gleichzeitig das Risiko und den maximalen Gewinn begrenzt.

Paper-Trading-Konto

Ein simuliertes Handelskonto, das es Händlern ermöglicht, Strategien zu testen, ohne echtes Kapital zu riskieren.

Seitwärtsmarkt

Ein Markt, in dem die Kurse innerhalb einer bestimmten Bandbreite schwanken und keine klare Trendrichtung erkennbar ist.

Short Iron Condor

Eine Optionsstrategie, die den Short Strangle erweitert, indem zusätzlich jeweils ein weiterer Call und Put mit noch weiter außen liegenden Ausübungspreisen gekauft werden, um das maximale Verlustrisiko zu begrenzen.

Short-Optionen Strategie

Optionshandelsstrategien die darauf abzielen von fallenden Optionspreisen zu profitieren, in der Regel durch den Verkauf von Optionen.

Gewinn-/Verlustpotenzial von Optionsstrategien

Typische G/V-Verteilung bei Optionsstrategien.

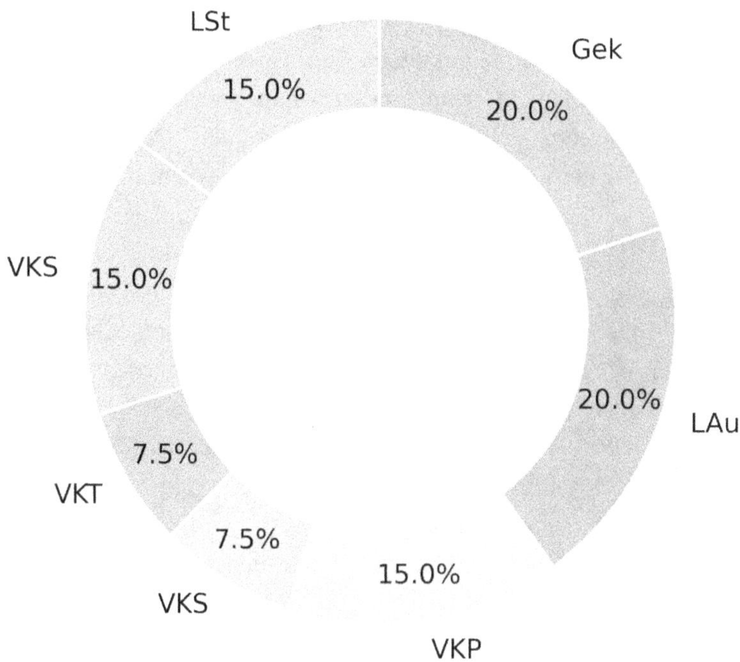

Gek: Gedeckter Call
LSt: Long Straddle
VKS: Verkauftes Straddle
LAu: Long Call
VKP: Verkauftes Put
VKT: Verkauftes Strangle

Diese Grafik visualisiert das theoretische Gewinn-/Verlustpotenzial gängiger Optionsstrategien. Gedeckte Calls (Gek) bieten begrenzte Aufwärtschancen, aber Verlustabsicherung. Long Straddles (LSt) und Strangles (LSt) profitieren von großen Kursschwankungen in beide Richtungen, während Short Straddles/Strangles das umgekehrte Profil haben und von geringer Volatilität profitieren. Long Calls (LAu) bieten einen erheblichen Hebel mit hohem Gewinnpotenzial, aber auch hohem Risiko. Verkauftes Put (VKP) generieren Erträge, bergen aber ein erhebliches Risiko, wenn der Basiswert stark fällt.

Delta-Neutrales Positionsmanagement

Delta-neutrales Positionsmanagement zielt darauf ab, das Risiko von Kursänderungen des Basiswerts zu minimieren. Das Delta einer Option misst die Sensitivität ihres Preises gegenüber Schwankungen des Basiswertkurses. Eine delta-neutrale Position erreicht man, indem man Optionen und/oder den Basiswert kombiniert, sodass sich die einzelnen Deltas gegenseitig aufheben. Ein Trader mit einer longposition in einem Call mit einem Delta von 0,5 könnte etwa diese Position delta-neutral gestalten, indem er 50 Aktien des Basiswerts leerverkauft. Da jede Aktie ein Delta von 1 hat, ergibt die shortposition von 50 Aktien ein Delta von -0,5, was das Delta des Calls ausgleicht. Dadurch wird die Position unempfindlich gegenüber kleinen Kursbewegungen des Basiswerts. Beachten Sie, dass Delta-Neutralität nicht statisch ist. Das Delta ändert sich mit dem Kurs des Basiswerts und der Zeit bis zum Verfall, sodass die Position regelmäßig angepasst werden muss, um Delta-Neutralität zu erhalten. Dieses dynamische Anpassen wird als „dynamisches Hedging" bezeichnet. Delta-neutrale Strategien können zwar das Risiko mindern, aber auch potenzielle Gewinne beschränken [s11]. Ähnlich wie bei der Absicherung von Apple-Aktien, kann eine zu starke Fokussierung auf Delta-Neutralität die Partizipation an starken Kursbewegungen des Basiswerts verhindern.

Darüber hinaus ist die Genauigkeit der Delta-Berechnung von der Qualität des verwendeten Preismodells abhängig. Unterschiedliche Kalibrierungsmethoden können zu abweichenden Delta-Werten und damit zu einer ungenauen Risikoeinschätzung führen [s11]. Daher ist die Wahl eines geeigneten Preismodells und dessen sorgfältige Kalibrierung entscheidend für ein effektives delta-neutrales Positionsmanagement.

Gut zu wissen

Delta-Neutralität

Eine Optionsposition ist delta-neutral, wenn die Auswirkungen von Kursänderungen des Basiswerts auf die Position minimiert sind. Dies wird durch die Kombination von Optionen und/oder des Basiswerts erreicht, sodass sich ihre Deltas gegenseitig aufheben. Delta-Neutralität muss dynamisch angepasst werden.

Delta

Delta misst, wie stark sich der Preis einer Option ändert, wenn sich der Preis des Basiswerts um einen bestimmten Betrag verändert. Es ist eine wichtige Kennzahl für das Risikomanagement und die Konstruktion von Optionsstrategien.

Dynamisches Hedging

Der Prozess der regelmäßigen Anpassung einer Optionsposition, um Delta-Neutralität angesichts von Marktbewegungen und Zeitverfall aufrechtzuerhalten. Es beinhaltet den Kauf oder Verkauf von Optionen oder des Basiswerts, um das Delta der Gesamtposition nahe Null zu halten.

Kalibrierung

Die Anpassung der Parameter eines Preismodells, um es an die beobachteten Marktpreise anzupassen. Eine genaue Kalibrierung ist entscheidend für eine zuverlässige Bewertung und Risikobewertung von Optionen.

Effektivität von Delta-Neutralen Absicherungsmethoden

Vergleich der Wirksamkeit von Absicherungsmethoden zur Aufrechterhaltung einer Delta-neutralen Optionsposition.

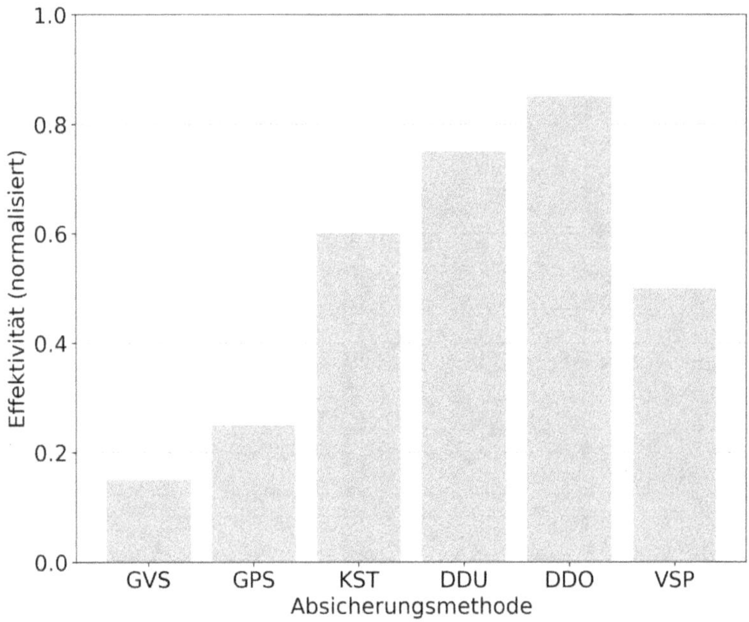

DDO: Dynamische Delta-Absicherung (Optionen)

DDU: Dynamische Delta-Absicherung (Basiswert)

GPS: Gedeckte Put-Schreibung

GVS: Gedeckte Call-Schreibung

KST: Kragen-Strategie

VSP: Vertikaler Spread

Gedeckte Call-Schreibungen scheinen die am wenigsten effektive Absicherungsmethode zu sein, wahrscheinlich aufgrund ihres begrenzten Nachteilschutzes. Während gedeckte Put-Schreibungen eine etwas bessere Performance bieten, schneiden beide Strategien im Vergleich zu dynamischen Absicherungsmethoden schlechter ab. Die höhere Effektivität der dynamischen Delta-Absicherung mit Optionen deutet auf einen präziseren und reaktionsfähigeren Risikomanagementansatz hin. Darüber hinaus zeigt die Verwendung von Basiswerten für die dynamische Absicherung eine erhebliche Effektivität, was ihr Potenzial als robustes Absicherungstool unterstreicht.

Konkrete Ratschläge

- Nutzen Sie Optionsstrategien, um von Kursschwankungen zu profitieren, anstatt nur auf steigende Kurse zu setzen.
- Bauen Sie sich ein Portfolio aus verschiedenen Optionsstrategien auf, um verschiedene Marktszenarien abzudecken.
- Verwenden Sie Optionskombinationen, um Ihr Risiko zu begrenzen und gleichzeitig Gewinnpotenzial zu generieren.
- Rollen Sie Ihre Optionen, um die Laufzeit zu verlängern oder zu verkürzen und so Ihre Strategie an veränderte Marktbedingungen anzupassen.
- Überwachen Sie die implizite Volatilität und passen Sie Ihre Optionsstrategie entsprechend an.
- Nutzen Sie den Zeitwertverfall von Optionen zu Ihrem Vorteil, indem Sie Short-Positionen in Optionen mit hoher Zeitprämie eingehen.
- Kombinieren Sie fundamentale Analyse mit Optionsstrategien, um Ihre Erfolgschancen zu erhöhen.
- Setzen Sie sich klare Gewinnziele und Verlustlimits für jede Optionsposition.
- Überprüfen Sie Ihre Optionsstrategie regelmäßig und passen Sie sie gegebenenfalls an.
- Dokumentieren Sie Ihre Optionstrades, um aus Ihren Erfolgen und Fehlern zu lernen.
- Nutzen Sie Backtesting-Software, um Ihre Optionsstrategien unter realistischen Marktbedingungen zu testen.
- Bilden Sie sich kontinuierlich im Bereich Options Trading fort, um Ihr Wissen zu erweitern und neue Strategien zu entdecken.
- Tauschen Sie sich mit anderen Optionshändlern aus, um neue Perspektiven zu gewinnen und von deren Erfahrungen zu profitieren.

3. 3 Mehrfache Zeitebenenanalyse

Die Mehrfache Zeitebenenanalyse bietet Tradern einen entscheidenden Vorteil: Sie ermöglicht ein umfassendes Marktverständnis, das über die Momentaufnahme eines einzelnen Charts hinausgeht. Durch die Kombination von langfristigen Trends mit kurzfristigen Einstiegs- und Ausstiegsmöglichkeiten minimieren Sie das Risiko von Fehlentscheidungen, die auf einer zu begrenzten Perspektive basieren. Dieses Kapitel zeigt Ihnen, wie Sie verschiedene Zeitebenen effektiv kombinieren, um Ihre Handelsstrategie zu optimieren und Ihre Erfolgschancen zu erhöhen. Entdecken Sie, wie Sie durch die geschickte Verknüpfung von Zeitebenen Ihre Trading-Performance nachhaltig verbessern.

Handelssignale gewinnen an Bedeutung, wenn sie über mehrere Zeitrahmen hinweg übereinstimmen (Kongruenz). Diese Übereinstimmung reduziert Fehlsignale und erhöht die Wahrscheinlichkeit profitabler Trades.

Zusammenspiel verschiedener Zeitrahmen

Die Analyse von Finanzinstrumenten auf verschiedenen Zeitrahmen bietet ein umfassenderes Bild des Marktes. Ein kurzfristiger Chart allein liefert nur eine Momentaufnahme, während ein langfristiger Chart den übergeordneten Trend aufzeigt. Das Zusammenspiel dieser Perspektiven ermöglicht es, potenzielle Einstiegs- und Ausstiegspunkte zu identifizieren und gleichzeitig das allgemeine Marktumfeld zu berücksichtigen. Die Kombination verschiedener Zeitrahmen reduziert das Risiko von Fehlentscheidungen, die auf einer zu engen Betrachtung des Marktes basieren. Ein Trader, der beispielsweise ausschließlich einen 5-Minuten-Chart betrachtet, könnte von kurzfristigen Kursschwankungen getäuscht werden und in einen Trade einsteigen, der dem langfristigen Trend widerspricht. Durch die zusätzliche Betrachtung eines Tages- oder Wochencharts erhält er hingegen Informationen über die übergeordnete Trendrichtung und kann seine Handelsentscheidungen entsprechend anpassen. Die gängigsten Zeitebenen im Trading reichen von Tick-Charts, die jede Preisänderung erfassen, bis hin zu Monats- und Jahrescharts. Die Wahl der relevanten Zeitrahmen hängt von der individuellen Handelsstrategie und dem Anlagehorizont ab. Ein Daytrader, der Positionen innerhalb eines Tages eröffnet und schließt, wird sich auf kurzfristige Charts wie 1-Minuten-, 5-Minuten- oder 15-Minuten-Charts konzentrieren. Ein Swingtrader, der Positionen über mehrere Tage oder Wochen hält, analysiert hingegen eher Tages- und Wochencharts. Langfristige Investoren, die Positionen über Monate oder Jahre halten, beziehen zusätzlich Monats- und Jahrescharts in ihre Analyse ein. Das Prinzip des Zusammenspiels verschiedener Zeitrahmen besteht darin, zunächst den langfristigen Trend zu bestimmen und anschließend auf den kürzeren Zeitrahmen nach passenden Einstiegs- und Ausstiegspunkten zu suchen. Ein Aufwärtstrend auf dem Wochenchart könnte beispielsweise durch höhere Hochs und höhere Tiefs gekennzeichnet sein. Auf dem Tageschart sucht der Trader dann nach Kaufsignalen, die mit dem übergeordneten Aufwärtstrend übereinstimmen. Die Auswahl der zu verwendenden Zeitrahmen ist subjektiv und hängt von der persönlichen Präferenz ab. Es gibt keine feste Regel, welche Kombination die "beste" ist. Viele Trader arbeiten mit drei Zeitrahmen: einem langfristigen Chart, um den übergeordneten Trend zu identifizieren, einem mittelfristigen Chart, um potenzielle Swing-Trading-Möglichkeiten zu finden und einem kurzfristigen Chart, um präzise Einstiegs- und Ausstiegspunkte festzulegen. Eine mögliche Kombination wäre die Verwendung von Wochen-, Tages- und Stundencharts.

Die Analyse mehrerer Zeitrahmen bietet unter anderem folgende Vorteile:
- Bestätigung von Signalen: Ein Kaufsignal auf dem Tageschart erhält mehr Gewicht, wenn es durch einen Aufwärtstrend auf dem Wochenchart bestätigt wird.
- Filterung von Fehlsignalen: Ein vermeintliches Kaufsignal auf einem kurzfristigen Chart kann durch die Betrachtung eines langfristigen Charts als Fehlsignal entlarvt werden, wenn der langfristige Trend abwärts gerichtet ist.
- Optimierung von Einstiegs- und Ausstiegspunkten: Durch die Analyse kürzerer Zeitrahmen können präzisere Einstiegs- und Ausstiegspunkte innerhalb des übergeordneten Trends gefunden werden.

Um die verschiedenen Zeitrahmen effektiv zu nutzen, ist ein systematischer Ansatz unerlässlich. Eine Möglichkeit besteht darin, zunächst den langfristigen Chart zu analysieren, um den übergeordneten Trend und wichtige Unterstützungs- und Widerstandszonen zu identifizieren. Anschließend wird der mittelfristige Chart analysiert, um potenzielle Trading-Setups zu finden. Schließlich wird der kurzfristige Chart verwendet, um den optimalen Einstiegs- und Ausstiegspunkt zu bestimmen. Ein Trader könnte beispielsweise im langfristigen Chart einen Aufwärtstrend erkennen, im mittelfristigen Chart eine

Konsolidierungsphase und im kurzfristigen Chart ein Ausbruchsmuster, das einen Einstieg signalisiert. Die Kombination verschiedener Zeitrahmen ist kein Garant für erfolgreiche Trades, aber sie erhöht die Wahrscheinlichkeit, informierte Entscheidungen zu treffen und das Risiko zu minimieren. Durch die Berücksichtigung des größeren Kontextes und die präzise Auswahl von Einstiegs- und Ausstiegspunkten können Trader ihre Erfolgschancen im Markt deutlich verbessern. Die kontinuierliche Übung und die Anpassung der Strategie an die individuellen Bedürfnisse sind dabei entscheidend. Ein regelmäßiges Überprüfen der gewählten Zeitrahmen und deren Zusammenspiel kann die Trading-Performance optimieren und zu einem tieferen Verständnis der Marktmechanismen führen.

Gut zu wissen

Monatschart

Monatscharts zeigen die Kursentwicklung über einen Monat und werden von langfristigen Investoren zur Analyse langfristiger Trends verwendet.

Unterstützungszone

Eine Unterstützungszone ist ein Preisniveau, bei dem erwartet wird, dass der Kurs eines Finanzinstruments nicht weiter fällt, da dort eine erhöhte Nachfrage besteht.

Ausbruchsmuster

Ein Ausbruchsmuster entsteht, wenn der Kurs eines Finanzinstruments aus einer Konsolidierungsphase oder einem etablierten Trendkanal ausbricht und eine neue Trendbewegung signalisiert.

Konsolidierungsphase

Eine Konsolidierungsphase beschreibt einen Zeitraum, in dem sich der Kurs eines Finanzinstruments in einer engen Preisspanne bewegt, ohne klare Trendrichtung.

Jahreschart

Jahrescharts zeigen die Kursentwicklung über ein Jahr. Sie dienen zur Beurteilung der langfristigen Performance und zur Identifizierung von mehrjährigen Zyklen.

Widerstandszonen

Widerstandszonen stellen Preisniveaus dar, bei denen erwartet wird, dass der Kurs eines Finanzinstruments nicht weiter steigt, da dort ein erhöhtes Angebot besteht.

Einfluss des Zeitrahmens auf Handelsentscheidungen

Gewichtung verschiedener Zeitrahmen im Handel.

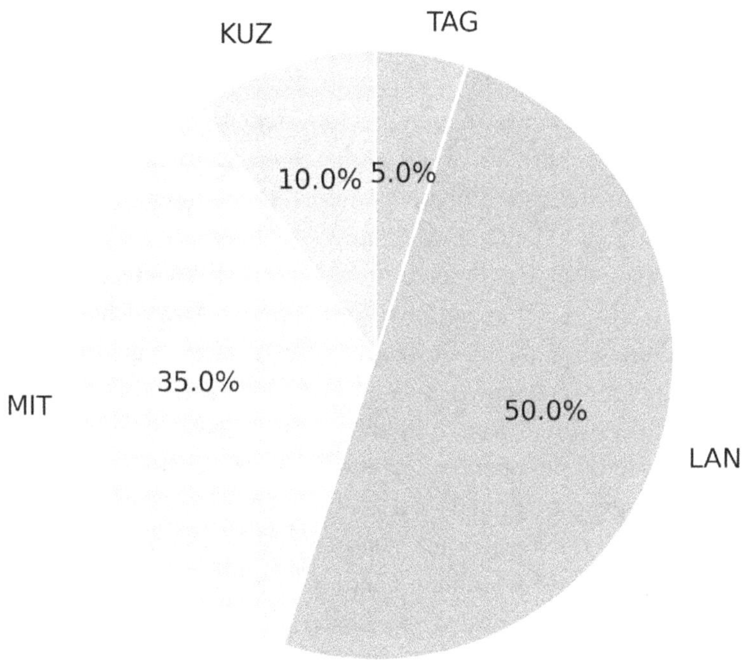

KUZ: Kurzfristig (1T-1M)
LAN: Langfristig (1J+)
MIT: Mittelfristig (1M-1J)
TAG: Intraday (<1T)

Dieses Diagramm visualisiert eine hypothetische Gewichtungsstrategie für Handelsentscheidungen, die die Bedeutung des langfristigen Trends hervorhebt. Während kurzfristige Schwankungen taktische Möglichkeiten bieten können, deutet der dominante Einfluss der langfristigen Perspektive auf eine Konzentration der strategischen Ausrichtung auf die übergreifende Marktrichtung hin. Die mittelfristige Analyse bildet eine Brücke und hilft dabei, potenzielle Einstiegs- und Ausstiegspunkte innerhalb des etablierten langfristigen Trends zu identifizieren. Die minimale Gewichtung, die dem Intraday-Rauschen zugeordnet wird, unterstreicht einen disziplinierten Ansatz, der kurzlebige Marktvolatilität herausfiltert.

Bestätigung von Handelssignalen

Die Bestätigung von Handelssignalen durch die Analyse mehrerer Zeitrahmen erhöht die Wahrscheinlichkeit, profitable Handelsentscheidungen zu treffen. Ein Signal auf einem kürzeren Zeitrahmen, wie beispielsweise ein Kaufsignal im Stundenchart, gewinnt an Bedeutung, wenn es mit der übergeordneten Trendrichtung eines längeren Zeitrahmens, etwa dem Tages- oder Wochenchart, übereinstimmt. Dies minimiert das Risiko, von kurzfristigen Marktschwankungen getäuscht zu werden und Positionen gegen den Haupttrend zu eröffnen. So könnte ein Trader im Stundenchart ein Kaufsignal in Form eines Ausbruchs über eine widerstandslinie erkennen. Bestätigt wird dieses Signal, wenn der Tageschart einen intakten Aufwärtstrend und der Wochenchart eine übergeordnete positive Marktstruktur zeigt. Diese Übereinstimmung über verschiedene Zeitebenen verleiht dem Handelssignal zusätzliche Validität. Umgekehrt können Signale auf kürzeren Zeitrahmen durch die Analyse längerer Zeitrahmen auch entkräftet werden. Ein scheinbar bullisches Signal im 15-Minuten-Chart verliert an Relevanz, wenn der Tageschart einen Abwärtstrend signalisiert. In diesem Fall könnte das kurzfristige Signal eine sogenannte Bullenfalle darstellen, die zu Verlusten führen kann, wenn der übergeordnete Abwärtstrend anhält. Die mehrdimensionale Betrachtung der Märkte erlaubt somit eine differenziertere Beurteilung von Handelssignalen und hilft, Fehlsignale zu identifizieren. Die systematische Bewertung verschiedener zeitlicher Auflösungen liefert einen robusten Rahmen für die Analyse des Zusammenhangs zwischen Mustererkennung und der jeweiligen Zeitskala, ähnlich der Verwendung gleitender Fenster in der technischen Analyse [s12]. Darüber hinaus ermöglicht die Kombination von Mustern und gleitenden Durchschnitten eine objektive Klassifizierung von Markttrends und erhöht die Vorhersagegenauigkeit [s12]. Ein gleitender Durchschnitt glättet die Preisbewegungen und filtert kurzfristige Schwankungen heraus, wodurch die Trendrichtung klarer erkennbar wird. Ein Kaufsignal, das durch den Bruch eines gleitenden

Durchschnitts im Tageschart generiert wird, kann beispielsweise durch ein bestätigendes Kaufsignal im Wochenchart, wie den Ausbruch aus einer konsolidierungsphase, weiter validiert werden. Durch die Kombination von Mustern, gleitenden Durchschnitten und der Analyse verschiedener Zeitrahmen entsteht ein mehrschichtiges Bestätigungssystem, das die Zuverlässigkeit der Handelssignale erhöht. Ein praktischer Tipp zur Anwendung der Mehrfachzeitrahmenanalyse ist die Verwendung eines Top-Down-Ansatzes. Beginnend mit dem längsten Zeitrahmen, beispielsweise dem Monatschart, wird zunächst die übergeordnete Marktstimmung und der langfristige Trend ermittelt. Anschließend werden sukzessive kürzere Zeitrahmen analysiert, um konkrete Einstiegs- und Ausstiegspunkte im Einklang mit dem übergeordneten Trend zu identifizieren. So kann ein langfristiger Aufwärtstrend im Monatschart durch einen mittelfristigen Konsolidierungsbereich im Wochenchart und schließlich durch ein kurzfristiges Kaufsignal im Tageschart, wie den Ausbruch über einen Widerstand, bestätigt werden. Die Implementierung eines umfassenden Mustersystems über verschiedene Zeitrahmen hinweg, wie in [s12] beschrieben, ermöglicht die Identifizierung komplexer Marktformationen und verbessert die Vorhersagegenauigkeit. Zusammenfassend lässt sich sagen, dass die Bestätigung von Handelssignalen durch die Analyse mehrerer Zeitrahmen ein wichtiger Aspekt des erfolgreichen Tradings ist. Durch die Berücksichtigung des übergeordneten Trends und die Validierung von Signalen auf kürzeren Zeitrahmen durch längere Zeitrahmen können Fehlsignale reduziert und die Wahrscheinlichkeit profitabler Trades erhöht werden. Die Kombination von Mustern, gleitenden Durchschnitten und einem systematischen Top-Down-Ansatz bietet ein robustes Framework für die Analyse von Finanzmärkten und die Entscheidungsfindung im Trading.

Bestätigungsraten über Zeitrahmen

Erfolgsraten von Handelssignalen, die auf mehreren Zeitrahmen bestätigt wurden.

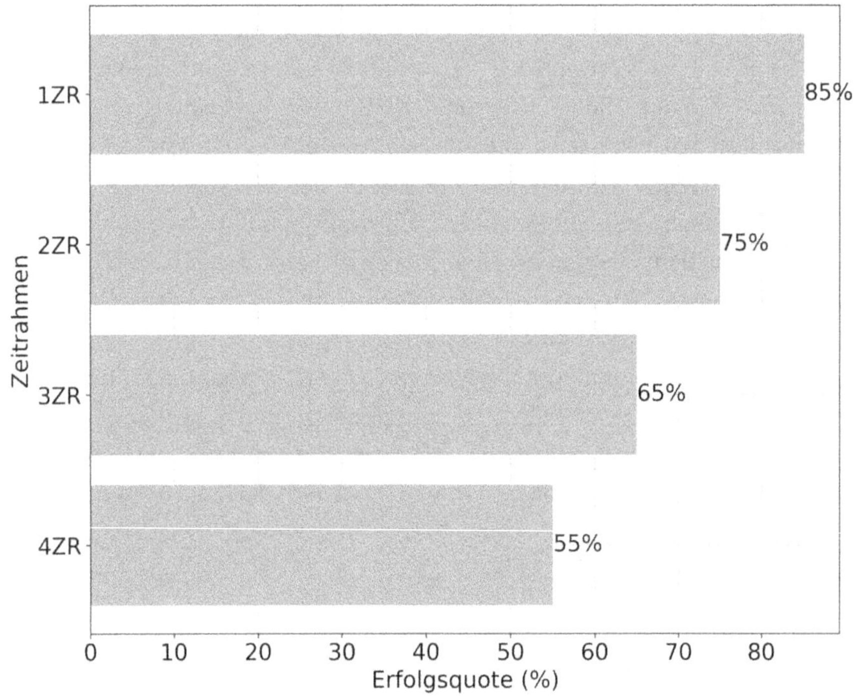

1ZR: 1 Zeitrahmen | 2ZR: 2 Zeitrahmen
3ZR: 3 Zeitrahmen | 4ZR: 4 Zeitrahmen

Das Diagramm zeigt eine positive Korrelation zwischen der Anzahl der bestätigenden Zeitrahmen und der Erfolgsquote von Handelssignalen. Signale, die auf mehreren Zeitrahmen bestätigt werden, weisen deutlich höhere Erfolgsquoten auf, was darauf hindeutet, dass eine Multi-Zeitrahmen-Analyse die Handelsentscheidungen verbessert.

Zeitrahmenkongruenz nutzen

Zeitrahmenkongruenz: Vom übergeordneten Trend zum präzisen Einstieg Die Nutzung der Zeitrahmenkongruenz verbessert die Handelsentscheidungen, indem sie verschiedene Zeitebenen synchronisiert. Anstatt isolierte Signale auf einzelnen Charts zu betrachten, prüft man, ob diese Signale mit dem übergeordneten Trend auf längeren Zeitrahmen übereinstimmen. Diese Übereinstimmung – die Kongruenz – reduziert das Risiko, von kurzfristigen Schwankungen getäuscht zu werden und erhöht die Wahrscheinlichkeit, profitable Trades zu platzieren. Ein Trader, der beispielsweise einen Kauf im 5-Minuten-Chart erwägt, sollte zunächst den Tages- und den Wochenchart prüfen. Zeigen diese Charts einen intakten Aufwärtstrend, verstärkt das die Validität des kurzfristigen Kaufsignals. Umgekehrt könnte ein Kaufsignal im 5-Minuten-Chart bei einem Abwärtstrend im Tages- oder Wochenchart ein Fehlsignal sein. Die Kongruenzprüfung filtert solche potenziellen Fehlsignale heraus und schützt vor Verlusten. Ein systematischer Ansatz zur Nutzung der Zeitrahmenkongruenz ist der topdownansatz. Man beginnt mit der Analyse des langfristigen Charts – etwa dem Monatschart – um den übergeordneten Trend zu bestimmen. Danach analysiert man schrittweise kürzere Zeitrahmen, wie den Wochen- und den Tageschart, um geeignete Einstiegs- und Ausstiegspunkte im Einklang mit dem langfristigen Trend zu finden. Im Monatschart könnte ein langfristiger Aufwärtstrend erkennbar sein. Im Wochenchart könnte sich eine konsolidierungsphase zeigen, die im Tageschart durch den Ausbruch über einen Widerstand bestätigt wird und so einen präzisen Einstiegspunkt liefert. Ein weiterer wichtiger Aspekt der Zeitrahmenkongruenz ist die Bestätigung von Handelssignalen durch Indikatoren und Chartmuster. Ein Kaufsignal im Tageschart, generiert durch den Bruch eines gleitenden Durchschnitts, erhält zusätzliche Bestätigung, wenn im Wochenchart gleichzeitig ein Ausbruch aus einer Konsolidierungsphase vorliegt. Diese Kombination von Signalen über verschiedene Zeitrahmen hinweg erhöht die Zuverlässigkeit des

Handelssignals. Praktisch umgesetzt kann dies wie folgt aussehen: Ein Trader identifiziert im Wochenchart einen Aufwärtstrend. Im Tageschart sucht er nach einer Bestätigung, wie einem Ausbruch über einen Widerstand oder dem Überschreiten eines gleitenden Durchschnitts. Schließlich nutzt er den Stunden- oder 15-Minuten-Chart, um den optimalen Einstiegspunkt zu bestimmen, indem er beispielsweise auf ein kurzfristiges pullback wartet, bevor er eine longposition eröffnet. Die Nutzung der Zeitrahmenkongruenz ist kein Garant für Erfolg, aber sie bietet einen strukturierten Ansatz, um Handelsentscheidungen auf Basis einer umfassenden Marktanalyse zu treffen. Sie hilft, Fehlsignale zu vermeiden und die Wahrscheinlichkeit profitabler Trades zu erhöhen, indem sie die verschiedenen Zeitebenen in Einklang bringt. Kontinuierliches Üben und Anpassen der Strategie an die individuellen Bedürfnisse und Marktbedingungen sind entscheidend, um die Vorteile der Zeitrahmenkongruenz optimal zu nutzen. Durch das Verständnis und die Anwendung dieses Prinzips können Trader ihre Trading-Performance verbessern und ein tieferes Verständnis der Marktmechanismen entwickeln.

Zeitrahmen-Kongruenz im Trading

Erfolgsquote von Handelssignalen basierend auf der Ausrichtung des Zeitrahmens und der Signalstärke.

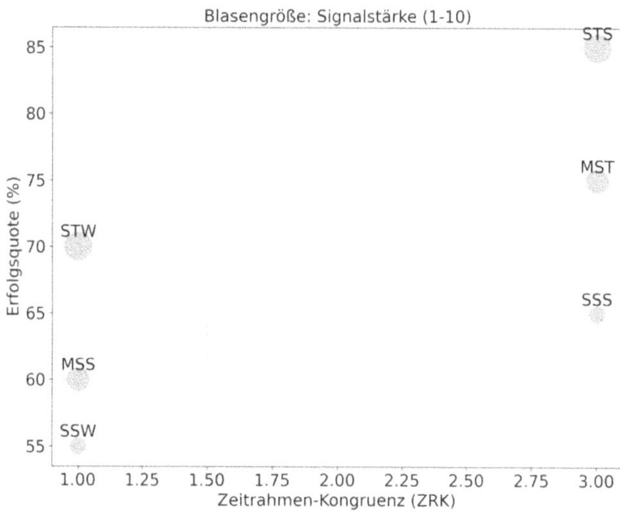

Blasengröße: Signalstärke (1-10)

MSS: Mittleres Signal, Schwache ZRK

MST: Mittleres Signal, Starke ZRK

SSS: Schwaches Signal, Starke ZRK

SSW: Schwaches Signal, Schwache ZRK

STS: Starkes Signal, Starke ZRK

STW: Starkes Signal, Schwache ZRK

Das Diagramm zeigt, dass eine höhere Signalstärke im Allgemeinen mit höheren Erfolgsquoten korreliert. Darüber hinaus führt eine stärkere Zeitrahmen-Kongruenz, die durch die Ausrichtung mehrerer Zeitrahmen angezeigt wird, zu noch höheren Erfolgsquoten, insbesondere in Kombination mit starken Signalen. Umgekehrt weisen schwache Signale unabhängig von der Ausrichtung des Zeitrahmens niedrigere Erfolgsquoten auf. Dies deutet darauf hin, dass die Konzentration auf Trades mit starken Signalen und bestätigenden Signalen über mehrere Zeitrahmen die Rentabilität verbessern kann.

Konkrete Ratschläge

- Verbinden Sie die Analyse von Candlestick-Mustern auf dem Wochenchart mit der von Indikatoren auf dem Tageschart, um frühzeitig Trendwechsel zu erkennen.
- Nutzen Sie die Ruhephasen des Marktes, um Ihre Mehrfachzeitrahmenanalyse zu verfeinern und neue Korrelationen zwischen verschiedenen Zeitebenen zu entdecken.
- Erstellen Sie sich für jeden Handelstag ein Zeitebenen-Raster, in dem Sie Ihre Beobachtungen aus verschiedenen Charts übersichtlich festhalten.
- Suchen Sie gezielt nach Diskrepanzen zwischen den verschiedenen Zeitebenen, um potenzielle Umkehrpunkte im Markt zu identifizieren.
- Entwickeln Sie ein Ampelsystem, das Ihnen die relative Stärke des aktuellen Trends auf Basis der verschiedenen Zeitebenen visualisiert.
- Wenden Sie die Mehrfachzeitrahmenanalyse nicht nur auf Kurscharts an, sondern auch auf Charts von Indikatoren wie dem RSI oder MACD.
- Definieren Sie klare Regeln, ab wann ein Signal auf einer kürzeren Zeitebene durch die übergeordnete Zeitebene entkräftet wird und Sie den Handel abbrechen.
- Nutzen Sie die Mehrfachzeitrahmenanalyse, um die optimale Platzierung Ihrer Stop-Loss-Orders zu bestimmen und Ihr Risiko zu minimieren.
- Simulieren Sie verschiedene Marktszenarien und beobachten Sie, wie sich die Zusammenhänge zwischen den Zeitebenen verändern.
- Erstellen Sie sich eine Checkliste für Ihre Mehrfachzeitrahmenanalyse, um sicherzustellen, dass Sie alle relevanten Aspekte berücksichtigen.

Rückblick - 3. Fortgeschrittene Handelstechniken

Fortgeschrittene Handelstechniken erfordern ein tiefes Verständnis der Märkte und den geschickten Einsatz verschiedener Analysemethoden. Ein besonders mächtiges Werkzeug, das Ihnen dabei helfen kann, Ihre Trading-Performance zu optimieren, sind Fibonacci-Werkzeuge. Diese basieren auf der mathematischen Fibonacci-Sequenz und bieten Ihnen die Möglichkeit, potenzielle Unterstützungs- und Widerstandsniveaus sowie Kursziele zu identifizieren. Anstatt sich nur auf die Preisniveaus zu konzentrieren, sollten Sie auch die zeitliche Komponente berücksichtigen. Fibonacci-Zeitprojektionen, -Fächer und -Zyklen können Ihnen dabei helfen, den optimalen Zeitpunkt für einen Ein- oder Ausstieg zu bestimmen. Bedenken Sie jedoch, dass Fibonacci-Werkzeuge keine Garantie für zukünftige Kursbewegungen bieten, sondern lediglich Wahrscheinlichkeiten aufzeigen. Kombinieren Sie diese daher stets mit anderen Indikatoren und Analysemethoden, um die Zuverlässigkeit Ihrer Signale zu erhöhen. Experimentieren Sie mit verschiedenen Einstellungen und Zeitrahmen, um die für Ihre Handelsstrategie am besten geeigneten Parameter zu finden.

Ein weiterer wichtiger Aspekt fortgeschrittenen Tradings ist der Einsatz von Optionsstrategien. Diese bieten Ihnen flexible Möglichkeiten, von verschiedenen Marktphasen zu profitieren. In einem Bullenmarkt könnten Sie beispielsweise Long Calls oder Bull Spreads in Erwägung ziehen, während in einem Bärenmarkt Long Puts oder Bear Spreads geeigneter sein könnten. In Seitwärtsmärkten bieten sich Strategien wie Short Strangles oder Short Iron Condors an, die von geringer Volatilität profitieren. Berücksichtigen Sie bei der Auswahl Ihrer Optionsstrategie stets die implizite Volatilität und die Restlaufzeit der Optionen. Testen Sie Ihre Strategien zunächst in einem simulierten Umfeld mit einem Paper-Trading-Konto, bevor Sie reales Kapital einsetzen, um Ihr Risiko zu minimieren. Vertiefen Sie Ihr Wissen über Optionsstrategien kontinuierlich, um Ihre Fähigkeiten im Optionshandel zu verbessern.

Delta-neutrales Positionsmanagement ist eine fortgeschrittene Technik, die Ihnen helfen kann, das Risiko Ihrer Optionspositionen zu kontrollieren. Durch die Kombination von Optionen und/oder des Basiswerts können Sie eine Position erstellen, die unempfindlich gegenüber kleinen Kursbewegungen des Basiswerts ist. Beachten Sie jedoch, dass Delta-Neutralität dynamisch ist und regelmäßig angepasst werden muss. Die Wahl des richtigen Preismodells und dessen sorgfältige Kalibrierung sind entscheidend für ein effektives delta-neutrales Positionsmanagement. Seien Sie sich bewusst, dass diese Strategie zwar das Risiko reduzieren kann, aber auch potenzielle Gewinne beschränken kann. Finden Sie die richtige Balance zwischen Risikominimierung und Gewinnmaximierung für Ihre individuelle Handelsstrategie.

Schließlich ist die Analyse verschiedener Zeitrahmen unerlässlich für ein umfassendes Marktverständnis. Ein kurzfristiger Chart liefert Ihnen zwar Informationen über die aktuelle Preisbewegung, aber erst die Kombination mit längeren Zeitrahmen ermöglicht es Ihnen, den übergeordneten Trend zu erkennen und Ihre Handelsentscheidungen entsprechend auszurichten. Nutzen Sie einen Top-Down-Ansatz, beginnend mit der Analyse des langfristigen Charts, um den Haupttrend zu identifizieren. Gehen Sie dann schrittweise zu kürzeren Zeitrahmen über, um konkrete Ein- und Ausstiegspunkte zu finden, die mit dem übergeordneten Trend übereinstimmen. Die Bestätigung von Handelssignalen durch mehrere Zeitrahmen erhöht die Wahrscheinlichkeit profitabler Trades.

Fortgeschrittene Handelstechniken erfordern Zeit, Übung und Disziplin. Seien Sie geduldig, lernen Sie aus Ihren Fehlern und passen Sie Ihre Strategien kontinuierlich an die Marktbedingungen an. Mit dem richtigen Wissen und der richtigen Herangehensweise können Sie Ihre Trading-Fähigkeiten verbessern und Ihre finanziellen Ziele erreichen. Nutzen Sie die vielfältigen Informationsquellen, die Ihnen zur Verfügung stehen und entwickeln Sie einen beständigen Lernprozess. Der Weg zum erfolgreichen Trading ist eine Reise und jeder Schritt, den Sie in Richtung Wissen und Erfahrung machen, bringt Sie Ihrem Ziel näher.

4. Psychologie und Mentaltraining

Haben Sie sich jemals gefragt, warum selbst die technisch perfekteste Handelsstrategie scheitern kann, während andere Trader mit einfacheren Ansätzen konstant Gewinne erzielen? Die Differenz zwischen theoretischem Wissen und praktischem Erfolg an den Märkten liegt oft nicht in den Indikatoren oder Setups, sondern in der mentalen Verfassung des Händlers während kritischer Entscheidungsmomente. Dieses Kapitel beleuchtet die unsichtbaren Kräfte, die unsere Handelsentscheidungen beeinflussen und wie wir sie zu unserem Vorteil nutzen können. Die folgenden Seiten könnten den entscheidenden Unterschied zwischen wiederkehrenden Verlusten und nachhaltiger Profitabilität in Ihrem Trading darstellen.

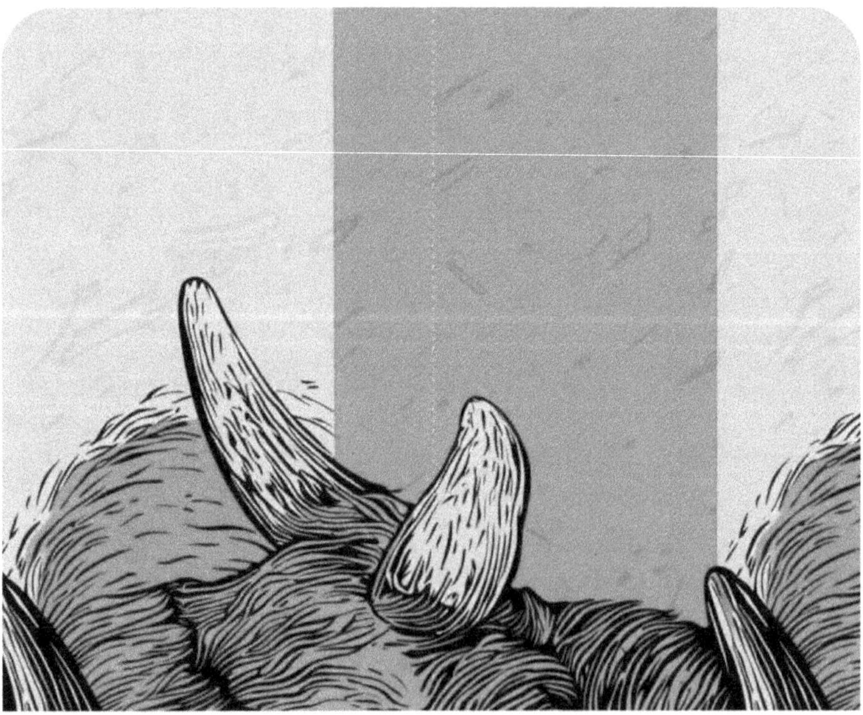

4. 1 Trading Psychologie

Emotionale Kontrolle und mentale Stärke entscheiden im Trading über Erfolg und Misserfolg. Angst, Gier und kognitive Verzerrungen beeinflussen Handelsentscheidungen und führen oft zu Verlusten. Dieser Abschnitt analysiert die psychologischen Herausforderungen im Trading – von impulsivem Handeln und Overconfidence-Bias bis zum Umgang mit Gewinn und Verlust. Die hier beschriebenen psychologischen Mechanismen wirken oft unbewusst und untergraben selbst die beste Trading-Strategie. Erfahren Sie, wie Sie diese Faktoren erkennen, kontrollieren und Ihre mentale Stärke für nachhaltigen Erfolg im Trading entwickeln.

Erfolgreiches Trading erfordert die flexible Anpassung der Strategien an veränderte Marktbedingungen und die bewusste Steuerung der eigenen Emotionen, insbesondere durch die Integration positiver Emotionen wie Zuversicht und Freude.

Emotionskontrolle im Handel

Emotionale Kontrolle im Handel beeinflusst die Entscheidungsfindung und damit den Erfolg. Emotionale Regulation kann zu weniger riskanten Entscheidungen führen [s13]. Wer seine Emotionen kontrolliert, ist weniger anfällig für kognitive Verzerrungen [s13]. Methoden, die emotionale Reaktionen verändern – etwa das Reappraisal, bei dem die Bewertung einer Situation bewusst verändert wird – können die Risikobereitschaft beeinflussen [s13]. So könnte ein Händler, der angesichts eines Kursrückgangs starke Angst verspürt, durch Reappraisal die Situation neu bewerten und den Rückgang als normale Marktschwankung und Kaufgelegenheit interpretieren. Die Aktivierung von Gehirnregionen wie dem präfrontalen Cortex ist sowohl mit Emotionskontrolle als auch mit Entscheidungen verknüpft [s13]. Auch Emotionen, die nicht direkt mit einer Handelsentscheidung zusammenhängen, können diese beeinflussen [s13]. Angst aufgrund von Problemen im Privatleben kann etwa zu überhasteten, schlecht durchdachten Trades führen. Suchtähnliche Verhaltensweisen bei Tradern führen oft zu impulsivem Handeln, selbst bei drohenden Verlusten [s14]. Der Einfluss von sozialen Medien verstärkt diesen Effekt durch Herdentrieb und impulsive Entscheidungen [s14]. Die Volatilität der Märkte erzeugt psychische Belastungen wie Angst und Depressionen [s14]. Übermäßiges Selbstvertrauen (Overconfidence-Bias) lässt Händler Risiken unterschätzen und ihre Prognosefähigkeiten überschätzen [s14]. Kognitive Verzerrungen – etwa der Bestätigungsfehler (Confirmation Bias), bei dem Informationen gesucht werden, die die eigene Meinung bestätigen, oder der Dispositionseffekt, der dazu führt, Verluste zu lange mitzuschleppen und Gewinne zu früh zu realisieren – verzerren die rationale Entscheidungsfindung [s14]. Die Parallelen zwischen Trading und Glücksspiel verdeutlichen die Notwendigkeit von Strategien zur Risikominimierung [s14]. Instrumente wie die Problematischen Kryptowährungshandels-Skala helfen, riskantes Verhalten zu erkennen und zu kontrollieren [s14].

Risikokontrollmaßnahmen, wie stoplossorders (die einen Verkauf bei einem bestimmten Kursverlust auslösen) oder limitorders (die einen Kauf oder Verkauf bei Erreichen eines bestimmten Kurses automatisieren), reduzieren negative Emotionen wie Angst und fördern positive Emotionen wie Hoffnung. [s15] Dadurch verbessert sich die Entscheidungsfindung und die emotionale Stabilität der Händler, gerade in turbulenten Marktphasen [s15].

Gut zu wissen

Overconfidence-Bias

Eine kognitive Verzerrung, die Händler dazu verleitet, ihre Fähigkeiten zu überschätzen und Risiken zu unterschätzen, was zu übermäßigem Handeln und potenziellen Verlusten führen kann.

Präfrontaler Cortex

Ein Bereich im Gehirn, der eine wichtige Rolle bei der Emotionskontrolle und Entscheidungsfindung spielt. Eine verbesserte Funktion dieses Bereichs kann zu rationaleren Handelsentscheidungen führen.

Problematische Kryptowährungshandels-Skala

Ein Instrument zur Bewertung des Risikoverhaltens im Handel mit Kryptowährungen. Es hilft, potenziell problematische Handelsmuster zu identifizieren und Gegenmaßnahmen zu ergreifen.

Reappraisal

Eine Methode der Emotionskontrolle, bei der Händler ihre Bewertung einer Handelssituation bewusst verändern, um ihre emotionalen Reaktionen und Entscheidungen zu beeinflussen. Beispielsweise könnte ein Händler einen Kursrückgang nicht als Bedrohung, sondern als Kaufgelegenheit betrachten.

Emotionaler Einfluss auf Handelsentscheidungen
Auswirkung von Emotionen auf Handelsentscheidungen.

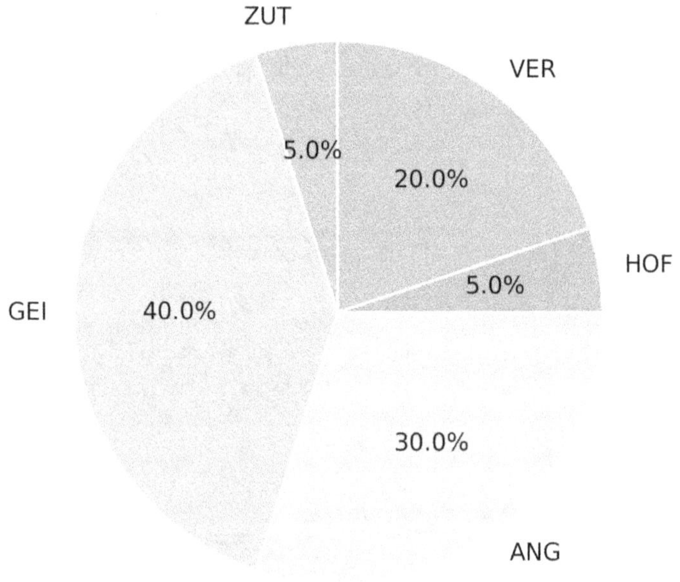

ANG: Angst
GEI: Gier
HOF: Hoffnung
VER: Vertrauen
ZUT: Verzweiflung

Angst und Gier sind die dominanten emotionalen Treiber im Handel, was die Notwendigkeit robuster Risikomanagement- und Emotionskontrollstrategien unterstreicht. Während Vertrauen für die Ausführung unerlässlich ist, kann übermäßiges Vertrauen zu übermäßiger Risikobereitschaft führen. Der relativ geringe Einfluss von Hoffnung und Verzweiflung deutet darauf hin, dass Händler an den Extremen der Marktzyklen möglicherweise weniger anfällig für extreme emotionale Schwankungen sind, möglicherweise aufgrund von Erfahrung oder erlernten Bewältigungsmechanismen. Diese Daten unterstreichen die Bedeutung von psychologischem Training für Händler, um die negativen Auswirkungen von Angst und Gier zu mindern und einen rationaleren Entscheidungsprozess zu fördern.

Umgang mit Verlusten und Gewinnen

Gewinne und Verluste gehören untrennbar zum Trading und beeinflussen die Psyche des Händlers. Die Prospect Theory beschreibt, wie Menschen bei Gewinnen eher risikoscheu und bei Verlusten risikofreudig agieren – der sogenannte Reflexionseffekt [s16]. Ein Händler könnte etwa einen kleinen Gewinn schnell realisieren, aus Angst, diesen wieder zu verlieren, während er an einem Verlustgeschäft lange festhält, in der Hoffnung auf eine Trendwende. Diese Verlustaversion, die stärkere emotionale Reaktion auf Verluste im Vergleich zu Gewinnen, verstärkt diesen Effekt [s16]. Die Entwicklung von Handelsstrategien sollte daher darauf abzielen, diese Asymmetrie in der Risikowahrnehmung zu berücksichtigen. Ein Ansatz könnte darin bestehen, feste Gewinnziele und Stop-Loss-Limits zu definieren, um emotionale Entscheidungen zu minimieren. Die Angst vor Verlusten kann dazu führen, profitable Positionen frühzeitig zu schließen und verlustbringende Positionen zu lange zu halten [s14]. Diszipliniertes Handeln nach einem vorher festgelegten Plan hilft, diesen Impuls zu kontrollieren.

Erfahrung im Trading kann ebenfalls dazu beitragen, den Einfluss dieser psychologischen Faktoren zu reduzieren, da erfahrene Investoren seltener vom Dispositionseffekt betroffen sind [s16]. Durch die Analyse des eigenen Handelsverhaltens, etwa durch ein Trading-Tagebuch, können Händler ihre individuellen Reaktionen auf Gewinne und Verluste besser verstehen und ihre Strategien entsprechend anpassen. So lässt sich langfristig eine stabilere und erfolgreichere Handelsweise etablieren.

Gut zu wissen

Dispositionseffekt

Der Dispositionseffekt beschreibt die Tendenz von Anlegern, profitable Positionen zu früh zu verkaufen und verlustbringende Positionen zu lange zu halten. Dies ist ein psychologisch bedingtes Verhalten, das im Widerspruch zu rationalen Anlageentscheidungen steht.

Prospect Theory

Die Prospect Theory ist ein verhaltensökonomisches Modell, das beschreibt, wie Menschen Entscheidungen unter Unsicherheit treffen, insbesondere im Kontext von Gewinnen und Verlusten beim Trading. Sie besagt, dass Menschen Verluste stärker gewichten als Gewinne und daher eher bereit sind, Risiken einzugehen, um Verluste zu vermeiden, als um Gewinne zu erzielen.

Reflexionseffekt

Der Reflexionseffekt beschreibt die Tendenz von Menschen, im Gewinnfall risikoscheu und im Verlustfall risikofreudig zu agieren. Im Trading-Kontext kann dies dazu führen, dass Händler Gewinne zu früh realisieren und Verluste zu lange laufen lassen.

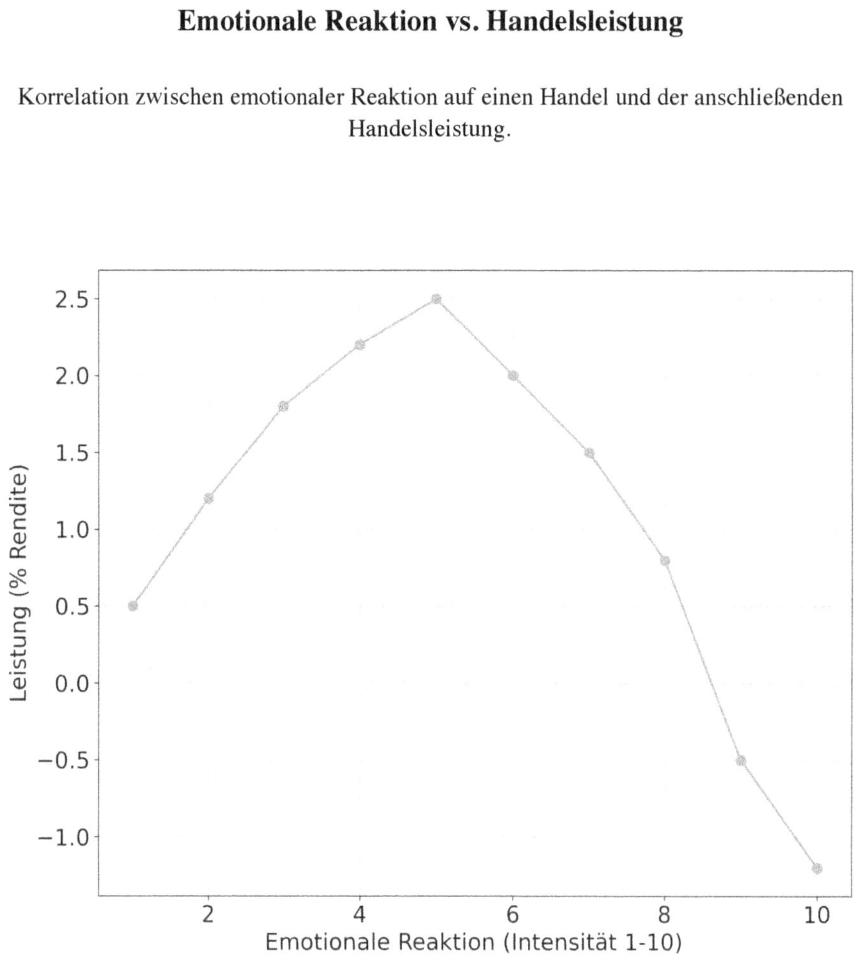

Dieses Diagramm veranschaulicht die umgekehrte Beziehung zwischen emotionaler Intensität und Handelsleistung. Händler, die ein hohes Maß an emotionaler Erregung erleben (Euphorie nach einem Gewinn oder Verzweiflung nach einem Verlust), schneiden bei nachfolgenden Geschäften tendenziell schlechter ab. Dies deutet darauf hin, dass emotionale Kontrolle und objektive Entscheidungsfindung entscheidend für eine konstante Rentabilität sind. Die optimale Leistungszone scheint dort zu liegen, wo die emotionalen Reaktionen gedämpft sind, was eine rationale Handelsausführung ermöglicht.

Entwicklung mentaler Stärke

Mentale Stärke im Trading entwickelt sich durch die gezielte Kultivierung bestimmter Fähigkeiten und Eigenschaften. Ein wichtiger Aspekt ist die flexible Selbstregulation, die es ermöglicht, situationsgerecht auf die Herausforderungen des Marktes zu reagieren [s17]. Diese Anpassungsfähigkeit beinhaltet, den Kontext präzise zu erfassen, die passende Strategie auszuwählen und deren Effektivität kontinuierlich zu überprüfen [s17]. Anstatt starr an einem Plan festzuhalten, lernt der mental starke Trader, seine Vorgehensweise dynamisch an veränderte Marktbedingungen anzupassen. Ein Trader, der beispielsweise in einer Seitwärtsphase eine trendfolgende Strategie verfolgt, wird voraussichtlich weniger Erfolg haben als jemand, der flexibel auf eine Strategie umschwenkt, die für Seitwärtsmärkte geeignet ist. Ergänzend fördert die bewusste Wahrnehmung und Steuerung positiver Emotionen die Resilienz und erweitert das Handlungsspektrum [s18]. Freude über einen gelungenen Trade oder die Zuversicht in die eigene Strategie können die Kreativität und die Lösungsfindung in schwierigen Situationen beflügeln [s18]. So kann ein Trader, der trotz eines Verlustes Zuversicht bewahrt, neue Chancen erkennen und diese nutzen, anstatt in negativem Denken zu verharren. Die Kombination aus flexibler Selbstregulation und dem bewussten Umgang mit positiven Emotionen bildet ein starkes Fundament für nachhaltigen Erfolg im Trading. Die kontinuierliche Reflexion des eigenen Handelns und die stetige Anpassung der Strategien basierend auf den eigenen emotionalen Reaktionen und den Markterfahrungen sind dabei unerlässlich. Durch diese iterative Vorgehensweise entwickelt sich die mentale Stärke, die für den Umgang mit den komplexen Anforderungen des Trading unerlässlich ist. Ein erfahrener Trader versteht, dass nicht jede Strategie in jeder Situation gleich gut funktioniert und passt seinen Ansatz entsprechend

an, anstatt stur an einer Methode festzuhalten, die in der aktuellen Situation nicht zielführend ist.

Gut zu wissen

Resilienz

Die Fähigkeit, sich von Rückschlägen im Trading zu erholen, Verluste zu akzeptieren und weiterhin rationale Entscheidungen zu treffen. Resiliente Trader zeichnen sich durch eine positive Einstellung, Selbstvertrauen und die Fähigkeit aus, aus Fehlern zu lernen.

Selbstregulation

Die Fähigkeit, Emotionen, Gedanken und Verhalten im Trading zu kontrollieren. Selbstregulation hilft Tradern, impulsive Entscheidungen zu vermeiden, Disziplin zu bewahren und ihre Strategien konsequent umzusetzen, auch unter Stress.

Effektivität mentaler Trainingstechniken für Händler

Vergleich mentaler Trainingsmethoden

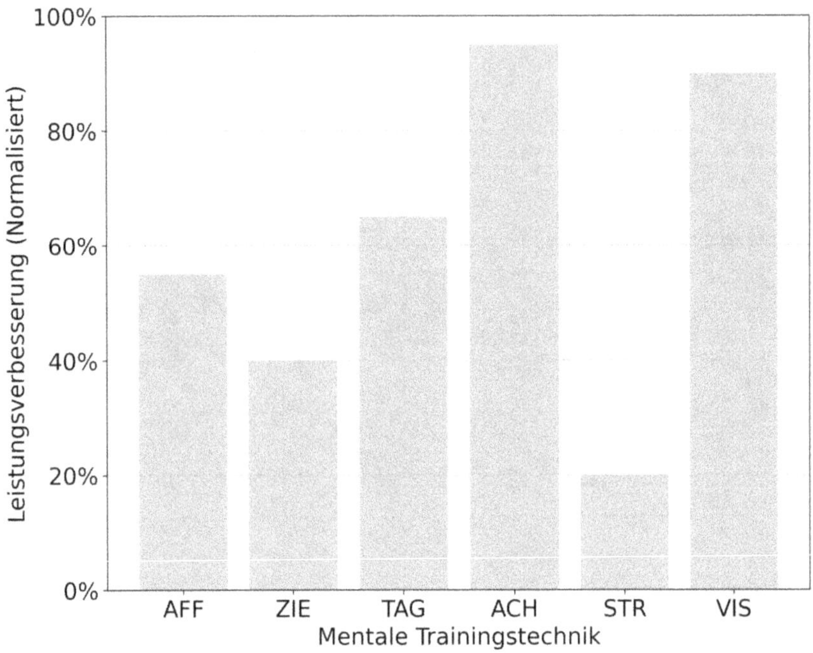

ACH: Achtsamkeit

STR: Stressbewältigung

VIS: Visualisierung

AFF: Affirmationen

TAG: Tagebuchführung

ZIE: Zielsetzung

Achtsamkeit und Visualisierung zeigen den stärksten positiven Einfluss auf die Handelsleistung, was auf ihre Effektivität beim Umgang mit Emotionen und der Verbesserung der Entscheidungsfindung hindeutet. Die Zielsetzung bietet eine solide Grundlage, während Stressbewältigungstechniken weniger wirkungsvoll erscheinen, was möglicherweise auf die Notwendigkeit personalisierterer Ansätze in diesem Bereich hinweist.

Konkrete Ratschläge

- Stellen Sie sich vor jedem Trade drei Fragen: Was ist mein Worst-Case-Szenario? Kann ich diesen Verlust emotional und finanziell verkraften? Was ist mein Plan B, falls meine ursprüngliche Annahme nicht eintrifft?
- Entwickeln Sie ein persönliches Ritual vor jedem Trade, um sich zu fokussieren und Emotionen zu neutralisieren. Das kann eine kurze Meditation, ein Atemübung oder das Hören bestimmter Musik sein.
- Führen Sie ein Erfolgstagebuch, in dem Sie nicht nur Ihre Gewinne, sondern auch Ihre gelungenen Risiko- und Emotionskontrollentscheidungen festhalten. So stärken Sie Ihr positives Selbstbild als Trader.
- Verändern Sie Ihre Perspektive: Betrachten Sie Trading nicht als Spiel um Geld, sondern als Prozess des ständigen Lernens und Optimierens. Konzentrieren Sie sich auf die Verbesserung Ihrer Fähigkeiten, nicht nur auf den kurzfristigen Gewinn.
- Trainieren Sie Ihre Frustrationstoleranz: Setzen Sie sich bewusst kleinen, kontrollierten Verlusten im Trading-Simulator aus. Analysieren Sie Ihre emotionalen Reaktionen und lernen Sie, mit Rückschlägen konstruktiv umzugehen.
- Nutzen Sie die Kraft der Visualisierung: Stellen Sie sich vor einem Trade Ihren idealen Handelsablauf vor, inklusive Ihrer emotionalen Reaktionen. So programmieren Sie Ihr Unterbewusstsein auf Erfolg.
- Suchen Sie den Austausch mit anderen Tradern, aber konzentrieren Sie sich nicht auf deren Gewinne, sondern auf deren Strategien im Umgang mit Emotionen und Risiko. Lernen Sie von deren Fehlern und Erfolgen im Bereich der Selbstkontrolle.

4. 2 Verhaltensökonomische Aspekte

Im Trading bestimmen psychologische Faktoren wie kognitive Verzerrungen, soziale Einflüsse und evolutionäre Prägungen oft unbewusst den Erfolg. Diese Verhaltensmuster können zu Fehlentscheidungen, verpassten Gewinnen und unnötigen Verlusten führen. Sie zu verstehen, ist der erste Schritt, um sie gezielt zu kontrollieren und die eigene Performance zu verbessern. Entdecken Sie, wie Sie Ihre Entscheidungsfindung optimieren und durch Selbstdisziplin langfristig erfolgreich an der Börse agieren.

Erfolgreiches Trading erfordert die Beherrschung der eigenen Psychologie genauso wie die Beherrschung der Märkte.

Kognitive Verzerrungen erkennen

Kognitive Verzerrungen beeinflussen unsere Entscheidungen, oft unbewusst. Im Trading-Kontext können sie zu Fehlentscheidungen und finanziellen Verlusten führen. Ein wichtiger Schritt zur Verbesserung der eigenen Handelsstrategie ist daher das Erkennen dieser Verzerrungen. Übermäßiges Selbstvertrauen (Overconfidence) kann Trader dazu verleiten, Risiken zu unterschätzen und Positionen zu groß zu dimensionieren, was im Falle von Marktbewegungen gegen die eigene Position zu erheblichen Verlusten führen kann [s19]. Genauso problematisch ist der dispositionseffekt – die Tendenz, Gewinne zu früh mitzunehmen und Verluste zu lange laufen zu lassen in der Hoffnung, dass sich der Markt dreht [s19]. Diese Asymmetrie im Risikoverhalten verhindert oft, dass Gewinne maximiert und Verluste minimiert werden. Die Verfügbarkeit von Informationen spielt ebenfalls eine entscheidende Rolle. Informationen, die leicht zugänglich sind – z.B. durch aktuelle Nachrichten oder Social-Media-Trends – werden oft überbewertet. Dadurch kann ein verzerrtes Bild der Marktlage entstehen, das nicht die tatsächlichen Wahrscheinlichkeiten widerspiegelt [s19]. Ein Trader könnte beispielsweise aufgrund eines gehypten Aktien-Trends in ein überbewertetes Unternehmen investieren, obwohl fundamentale Daten dagegensprechen. Um dem entgegenzuwirken, ist es ratsam, Informationen aus verschiedenen, unabhängigen Quellen zu beziehen und kritisch zu hinterfragen. Der Hindsight-Bias, die Tendenz, vergangene Ereignisse als vorhersehbarer wahrzunehmen, als sie tatsächlich waren, erschwert das Lernen aus Fehlern [s19]. Nach einem erfolgreichen Trade schreiben sich Trader den Erfolg oft ihren Fähigkeiten zu, während Misserfolge externalen Faktoren zugeschrieben werden. Diese verzerrte Wahrnehmung verhindert eine objektive Analyse der eigenen Handelsentscheidungen und behindert die Weiterentwicklung der Trading-Strategie. Ein Trading-Journal, in dem Entscheidungen und deren Begründung vor der Ausführung dokumentiert werden, kann helfen, diesen Bias zu minimieren und die eigene Performance realistisch zu bewerten. Der Bestätigungsfehler (Confirmation Bias) führt dazu, dass wir Informationen suchen und interpretieren, die unsere bestehenden Annahmen bestätigen, während widersprüchliche Informationen ignoriert oder heruntergespielt werden [s19]. Ein Trader, der von einer bestimmten Marktentwicklung überzeugt ist, wird tendenziell nur Informationen beachten, die diese These stützen und Warnsignale übersehen. Eine systematische Analyse von Pro- und Contra-Argumenten vor einer Handelsentscheidung kann helfen, diesen Fehler zu vermeiden. Eine Checkliste mit vordefinierten Kriterien kann die Objektivität der Analyse zusätzlich unterstützen. Das Erkennen kognitiver Verzerrungen ist ein kontinuierlicher Prozess, der Selbstreflexion und Disziplin erfordert. Durch das Bewusstsein für diese Verzerrungen und die Anwendung konkreter Strategien können Trader ihre Entscheidungsfindung verbessern und ihre Trading-Performance optimieren.

Häufige kognitive Verzerrungen beim Trading

Häufigkeit kognitiver Verzerrungen, die Handelsentscheidungen beeinflussen.

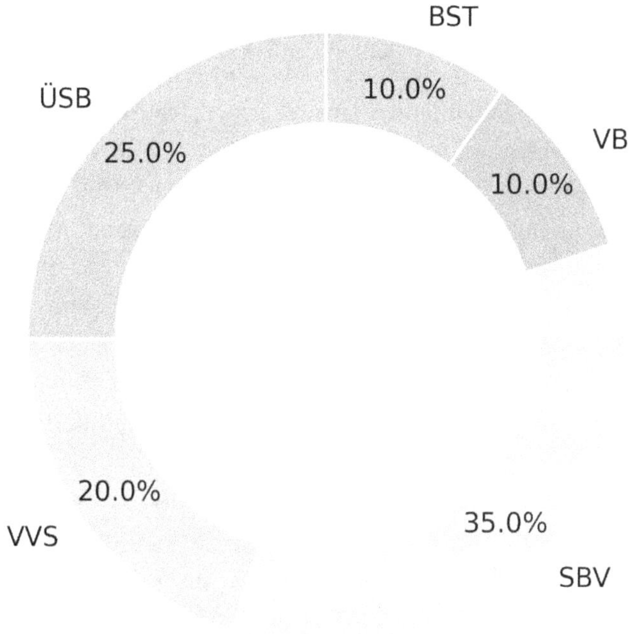

BST: Bestätigungsfehler

ÜSB: Überoptimismus

VVS: Verlustaversion

SBV: Selbstüberschätzung

VB: Verfügbarkeitsverzerrung

Bestätigungsfehler stellen einen erheblichen Teil der Fehler von Händlern dar und verdeutlichen die Tendenz, Informationen zu bevorzugen, die bestehende Überzeugungen unterstützen. Selbstüberschätzung und Verlustaversion spielen ebenfalls eine wesentliche Rolle, was darauf hindeutet, dass Händler Strategien zur Bewältigung dieser Verzerrungen entwickeln müssen. Anker- und Verfügbarkeitsverzerrungen sind zwar weniger verbreitet, tragen aber dennoch zu fehlerhaften Entscheidungen bei und verdienen Aufmerksamkeit. Die Berücksichtigung dieser Verzerrungen durch Bewusstsein und Minderungsverfahren kann die Handelsergebnisse verbessern.

Entscheidungsfindung optimieren

Optimierung der Entscheidungsfindung im Trading erfordert nicht nur das Verstehen kognitiver Verzerrungen, sondern auch die Berücksichtigung sozialer Einflüsse und evolutionärer Prägungen. Der sogenannte Herdentrieb, das Imitieren von Gruppenverhalten anstatt eigenständiger Entscheidungen basierend auf eigenen Informationen, kann zu Fehlentscheidungen führen [s20]. Anstatt blindlings der Masse zu folgen, sollten Trader eigene Analysen durchführen und kritisch die Informationen bewerten, auf denen die Entscheidungen der Gruppe basieren. Besonders in turbulenten Marktphasen ist es wichtig, Ruhe zu bewahren und nicht von der allgemeinen Stimmung mitgerissen zu werden. Emotionen wie Euphorie oder Panik können das rationale Denken beeinträchtigen und zu impulsiven Handlungen führen [s20]. Ein diszipliniertes Vorgehen nach einem zuvor festgelegten Tradingplan, der klare Regeln für Ein- und Ausstiegspunkte definiert, hilft, emotionale Entscheidungen zu vermeiden. Die Analyse von Pro- und Contra-Argumenten für eine Investition sowie die Festlegung von Stop-Loss-Limits können Bestandteil eines solchen Plans sein. Auch unsere evolutionäre Vergangenheit beeinflusst unser Entscheidungsverhalten. Die Tendenz, kurzfristige Gewinne langfristigen Zielen vorzuziehen, oder der sogenannte Endowment-Effekt – die höhere Bewertung von Besitzgegenständen im Vergleich zu gleichwertigen Gütern, die man nicht besitzt – sind Verhaltensweisen, die sich auch bei Primaten beobachten lassen [s21]. Diese Erkenntnisse helfen zu verstehen, dass bestimmte Verhaltensmuster tief in uns verankert sind. Bewusstsein für diese evolutionär bedingten Tendenzen ist der erste Schritt, um ihnen entgegenzuwirken. Unter anderem kann ein langfristiger Investitionshorizont, der kurzfristigen Marktschwankungen weniger Bedeutung beimisst, dazu beitragen, impulsive Reaktionen zu vermeiden, die durch eine Präferenz für Unmittelbarkeit entstehen. Regelmäßiges Hinterfragen der eigenen

Entscheidungen und die Überprüfung, ob diese auf rationalen Überlegungen oder emotionalen Impulsen basieren, unterstützt die Entwicklung einer rationaleren Entscheidungsfindung. Die Kombination aus kognitiver Reflexion, emotionaler Kontrolle und dem Wissen um soziale und evolutionäre Einflüsse bildet somit das Fundament für optimierte Entscheidungen im Trading.

Gut zu wissen

Endowment-Effekt

Die Tendenz, Vermögenswerte, die man besitzt, höher zu bewerten als vergleichbare Vermögenswerte, die man nicht besitzt. Im Trading kann der Endowment-Effekt dazu führen, dass Trader an verlustbringenden Positionen festhalten, in der Hoffnung, dass sich der Preis erholt, anstatt den Verlust zu realisieren und in andere Möglichkeiten zu investieren.

Herdendrieb

Im Trading-Kontext beschreibt der Herdentrieb die Tendenz, Handelsentscheidungen basierend auf den Handlungen anderer Marktteilnehmer zu treffen, anstatt auf eigener Analyse und Recherche. Dies kann zu Blasenbildung und anschließendem Crash führen, wenn die Herde in die falsche Richtung rennt.

Investitionshorizont

Der geplante Zeitraum, über den ein Investor eine Anlage halten möchte. Ein langfristiger Investitionshorizont kann dazu beitragen, die Auswirkungen kurzfristiger Marktschwankungen zu minimieren und ermöglicht es Tradern, langfristige Trends zu nutzen.

Stop-Loss-Limits

Vordefinierte Preispunkte, bei denen eine Position automatisch verkauft wird, um weitere Verluste zu begrenzen. Stop-Loss-Limits sind ein wichtiger Bestandteil des Risikomanagements im Trading und helfen, emotionale Entscheidungen in Verlustsituationen zu vermeiden.

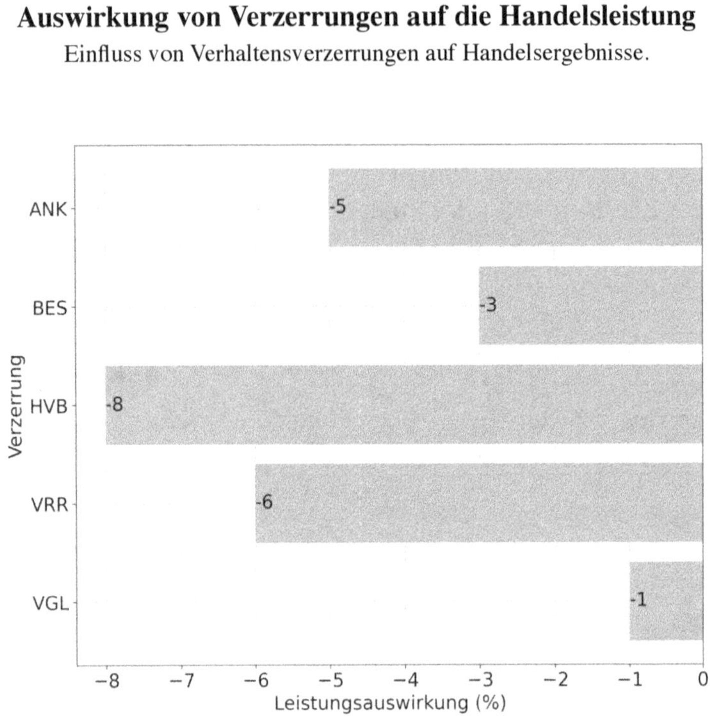

ANK: Verankerungsverzerrung
BES: Bestätigungsverzerrung
HVB: Herdenverhalten
VGL: Selbstüberschätzung
VRR: Verlustabneigung

Das Diagramm zeigt die unterschiedlichen Auswirkungen kognitiver Verzerrungen auf die Handelsleistung. Selbstüberschätzung zeigt den größten negativen Effekt, was darauf hindeutet, dass Händler ihre Fähigkeiten oft überschätzen. Verlustabneigung und Verankerungsverzerrung beeinträchtigen die Leistung ebenfalls erheblich, was auf eine Tendenz hindeutet, an Verlustpositionen festzuhalten und sich zu stark auf die anfänglichen Informationen zu verlassen. Die Bestätigungsverzerrung hat einen moderaten Einfluss, was darauf schließen lässt, dass Händler Daten selektiv interpretieren könnten, um bereits bestehende Überzeugungen zu stützen. Herdenverhalten zeigt den geringsten negativen Einfluss, was darauf hindeutet, dass seine Auswirkungen auf die individuelle Leistung zwar vorhanden, aber weniger ausgeprägt sind als bei anderen Verzerrungen.

Selbstdisziplin aufbauen

Selbstdisziplin im Trading bedeutet, langfristige Strategien konsequent zu verfolgen und kurzfristigen Impulsen zu widerstehen. Dieses Verhalten wird durch die sogenannte hyperbolische Diskontierung erschwert, die unsere Tendenz beschreibt, unmittelbare Belohnungen höher zu bewerten als zukünftige, möglicherweise größere Gewinne [s22] [s23]. Diese Abwertung zukünftiger Belohnungen führt zu impulsiven Entscheidungen, die langfristige Ziele gefährden können. Wie beim Verzicht auf einen kleinen Gewinn heute, um morgen einen deutlich größeren zu erzielen. Um dieser menschlichen Tendenz entgegenzuwirken, können persönliche Regeln etabliert werden, die eine Verbindung zwischen gegenwärtigen Handelsentscheidungen und den angestrebten, zukünftigen Ergebnissen schaffen [s22]. Solche Regeln können beispielsweise die maximale Positionsgröße pro Trade, die Anzahl der Trades pro Tag oder die strikte Einhaltung von stoplosslimits festlegen. Durch die Verknüpfung des aktuellen Handelns mit den langfristigen Zielen wird die Selbstdisziplin gestärkt und die Wahrscheinlichkeit impulsiver Entscheidungen verringert. Zusätzlich zur Definition persönlicher Regeln kann die bewusste Stärkung der Verbindung zum „zukünftigen Selbst" die Geduld und Selbstkontrolle fördern [s22]. Sich selbst als eine Einheit über die Zeit hinweg wahrzunehmen und die Konsequenzen heutiger Entscheidungen für das zukünftige Ich zu visualisieren, erhöht die Motivation, langfristige Strategien zu verfolgen. Man könnte sich beispielsweise fragen: „Wie werde ich mich in einem Jahr fühlen, wenn ich heute dieser kurzfristigen Versuchung nachgebe und meine Strategie verlasse?". Diese Reflexion unterstreicht die Bedeutung von Disziplin für den langfristigen Erfolg und hilft, kurzfristigen Impulsen zu widerstehen. Ein weiteres nützliches Konzept zur Stärkung der Selbstbeherrschung ist die Wahlbündelung (Choice Bracketing) [s23]. Anstatt jede Handelsentscheidung isoliert zu betrachten, werden Entscheidungen im Kontext einer Serie von Trades oder eines definierten Zeitraums getroffen. Dadurch wird die

Motivation erhöht, auf verzögerte Belohnungen zu warten, da die einzelnen Entscheidungen nicht mehr isoliert, sondern als Teil einer übergeordneten Strategie bewertet werden. Die Bündelung von Entscheidungen verringert die Impulsivität, indem sie die Erwartungen an zukünftiges Verhalten an das aktuelle Handeln koppelt. So wird die Bedeutung jedes einzelnen Trades im Kontext der Gesamtstrategie deutlich. Vorabverpflichtungen (Precommitment) sind ein weiteres wichtiges Instrument zur Vermeidung impulsiver Entscheidungen. Durch die Festlegung von Regeln und Handlungsplänen *vor* dem eigentlichen Handeln wird die Entscheidungsfindung im Voraus strukturiert und das Risiko spontaner, emotionaler Reaktionen minimiert [s23]. Ein Beispiel dafür ist die Einrichtung automatisierter Stop-Loss-Orders, die Verluste begrenzen, auch wenn man im Moment des Marktgeschehens emotional reagiert und zögert, den Trade manuell zu schließen. Diese Selbstbindung schützt vor impulsiven Entscheidungen, die durch kurzfristige Marktschwankungen oder emotionale Reaktionen ausgelöst werden könnten. Die Wahrnehmung des Zusammenhangs zwischen aktuellen und zukünftigen Entscheidungen im Rahmen einer übergeordneten Strategie fördert die Selbstdisziplin und unterstützt die Entwicklung eines konsistenten und erfolgreichen Handelsstils.

Gut zu wissen

Hyperbolische Diskontierung

Im Trading beschreibt die hyperbolische Diskontierung, wie Händler dazu neigen, sofortige, kleinere Gewinne gegenüber größeren, aber späteren Gewinnen zu bevorzugen, was zu impulsivem Handeln und Abweichungen von der Strategie führen kann.

Vorabverpflichtungen

Vorabverpflichtungen (Precommitment) im Trading bedeuten, Regeln und Pläne vor dem Handeln festzulegen, z.B. automatisierte Orders, um emotionale, impulsive Entscheidungen im Marktgeschehen zu verhindern.

Wahlbündelung

Die Wahlbündelung (Choice Bracketing) betrachtet Handelsentscheidungen nicht einzeln, sondern als Teil einer Serie, um die Geduld für langfristige Gewinne zu fördern und impulsive Einzelentscheidungen zu vermeiden.

Korrelation zwischen Selbstdisziplin und Handelserfolg

Höhere Selbstdisziplin-Werte korrelieren mit verbesserter Handelsleistung.

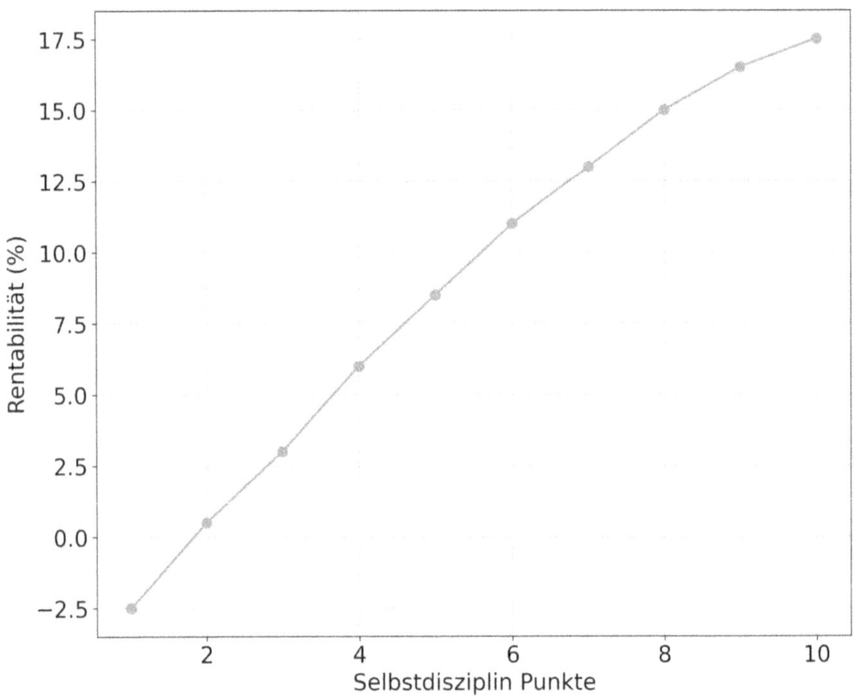

Dieses Diagramm zeigt eine positive Korrelation zwischen Selbstdisziplin und Handelserfolg. Händler mit höheren Selbstdisziplin-Werten erzielen tendenziell eine höhere Rentabilität, wahrscheinlich aufgrund der besseren Einhaltung von Handelsplänen, Risikomanagement und emotionaler Kontrolle. Obwohl Korrelation keine Kausalität impliziert, deutet sie darauf hin, dass die Konzentration auf die Verbesserung der Selbstdisziplin für die Handelsleistung von Vorteil sein könnte.

Konkrete Ratschläge

- Steigern Sie Ihre Selbstwahrnehmung, indem Sie Ihre Entscheidungen protokollieren und diese regelmäßig hinsichtlich emotionaler Einflüsse analysieren.
- Nutzen Sie die Erkenntnisse der Verhaltensökonomie, um Ihre persönlichen Schwächen im Trading zu identifizieren und gezielt zu trainieren, wie einen Muskel.
- Setzen Sie sich vor Handelsbeginn ein klares Zeitlimit und halten Sie dieses diszipliniert ein, um Entscheidungserschöpfung vorzubeugen.
- Schaffen Sie eine Umgebung, die Konzentration fördert und Ablenkungen minimiert, beispielsweise durch einen aufgeräumten Arbeitsplatz und das Abschalten von Benachrichtigungen.
- Belohnen Sie sich für diszipliniertes Verhalten und die Einhaltung Ihrer Handelsstrategie, unabhängig vom Ausgang des Trades.
- Reflektieren Sie regelmäßig, welche Rolle soziale Normen und der Wunsch nach Anerkennung in Ihren Handelsentscheidungen spielen.
- Visualisieren Sie vor jedem Trade nicht nur den möglichen Gewinn, sondern auch den potenziellen Verlust, um realistische Erwartungen zu schaffen.
- Entwickeln Sie eine Strategie für den Umgang mit Verlusten, die über die reine Verlustbegrenzung hinausgeht und auch die emotionale Verarbeitung berücksichtigt.
- Hinterfragen Sie Ihre Annahmen: Warum glauben Sie, dass eine bestimmte Aktie steigen oder fallen wird? Basiert Ihre Entscheidung auf Fakten oder auf Wunschdenken?
- Verankern Sie Ihre Handelsstrategie in einem schriftlichen Plan und behandeln Sie diesen wie einen Vertrag mit sich selbst.

4. 3 Stressmanagement für Händler

Im Trading entscheidet neben Strategie und Technik die mentale Stärke über Erfolg und Misserfolg. Stress beeinflusst die Entscheidungsfindung negativ und kann zu kostspieligen Fehlern führen. Dieses Kapitel beleuchtet die psychologischen Herausforderungen im Trading und zeigt, wie Händler durch gezieltes Stressmanagement ihre Leistungsfähigkeit optimieren und langfristig erhalten. Entdecken Sie, wie Sie Ihre Emotionen kontrollieren, Ihre Konzentration steigern und Ihre Handelsperformance verbessern.

Nachhaltiger Trading-Erfolg basiert auf einem ganzheitlichen Ansatz, der neben der Handelsstrategie auch körperliche Gesundheit, mentale Stärke und kontinuierliches Lernen umfasst.

Belastungsreduktion im Handelsprozess

Stress im Handelsprozess beeinträchtigt die Entscheidungsfindung und kann zu Verlusten führen. Ein systematischer Ansatz zur Belastungsreduktion umfasst mehrere Ebenen. Zunächst die Handelsstrategie selbst: Klare Regeln für Einstieg, Ausstieg und Positionsgrößen minimieren Unsicherheiten und emotional getriebene Entscheidungen. Eine definierte Risikomanagementstrategie begrenzt potenzielle Verluste und schafft psychologische Sicherheit. Ein Händler, der beispielsweise maximal 2% seines Kapitals pro Trade riskiert, reduziert den Druck jedes einzelnen Handels. Auch die Auswahl der gehandelten Märkte und Instrumente beeinflusst die Belastung. Volatile Märkte oder komplexe Finanzinstrumente erfordern mehr Aufmerksamkeit und bergen höhere Risiken. Die Konzentration auf wenige, gut verstandene Märkte vereinfacht die Analyse und reduziert den Informationsüberfluss. Die Organisation des Handelsplatzes spielt ebenfalls eine Rolle. Ein ergonomischer Arbeitsplatz mit übersichtlichen Charts und effizientem Zugriff auf Informationen fördert die Konzentration und reduziert Ablenkungen. Regelmäßige Pausen und ausreichend Schlaf sind essentiell für die kognitive Leistungsfähigkeit und emotionale Stabilität. Wer müde oder überarbeitet handelt, trifft eher impulsive und unüberlegte Entscheidungen. Ein strukturierter Handelsplan mit festgelegten Handelszeiten kann helfen, Disziplin zu wahren und Überarbeitung zu vermeiden. Ein fester Tagesablauf mit definierten Arbeits- und Ruhezeiten unterstützt diesen Prozess.

Psychologische Faktoren beeinflussen den Handelserfolg maßgeblich. Angst vor Verlusten oder Gier nach schnellen Gewinnen können zu irrationalen Entscheidungen führen. Techniken zur Stressbewältigung wie Meditation, Achtsamkeitsübungen oder autogenes Training helfen, Emotionen zu kontrollieren und die Konzentration zu fördern. Ein Handelstagebuch, in dem jeder Trade mit Begründung und emotionalem Zustand dokumentiert wird, ermöglicht die Analyse des eigenen Verhaltens und die Identifizierung wiederkehrender Fehlermuster. So kann ein Händler erkennen, ob er beispielsweise nach Verlusten aggressiver handelt und entsprechende Gegenmaßnahmen ergreifen. Die Technische Infrastruktur beeinflusst ebenfalls die Belastung. Eine stabile Internetverbindung und eine zuverlässige Handelsplattform sind unerlässlich, um technische Probleme und damit verbundenen Stress zu vermeiden. Redundante Systeme und Backup-Lösungen minimieren das Risiko von Datenverlusten und technischen Ausfällen. Ein Händler, der beispielsweise über eine mobile Backup-Lösung verfügt, kann auch bei einem Internetausfall seine Positionen überwachen und gegebenenfalls anpassen. Kontinuierliche Weiterbildung und der Austausch mit anderen Händlern tragen zur Belastungsreduktion bei. Das Verständnis der Märkte und der angewandten Handelsstrategien stärkt das Selbstvertrauen und reduziert die Unsicherheit. Der Austausch mit erfahrenen Händlern bietet die Möglichkeit, von deren

Wissen und Erfahrung zu profitieren und eigene Strategien zu optimieren. Die Teilnahme an Webinaren, Seminaren oder der Besuch von Handelsmessen ermöglicht den Zugang zu neuen Informationen und den Austausch mit anderen Marktteilnehmern. Ein Händler, der regelmäßig an Weiterbildungsmaßnahmen teilnimmt, verbessert seine Fähigkeiten und erweitert sein Netzwerk. Die Diversifikation des Portfolios reduziert das Risiko einzelner Positionen und damit die emotionale Belastung. Anstatt das gesamte Kapital in wenige Positionen zu investieren, verteilt ein diversifizierter Ansatz das Risiko auf verschiedene Anlageklassen, Märkte und Instrumente. Dies reduziert die Abhängigkeit von der Wertentwicklung einzelner Positionen und erhöht die Stabilität des Portfolios. Ein Händler, der beispielsweise in Aktien, Anleihen und Rohstoffe investiert, ist weniger anfällig für Schwankungen in einzelnen Märkten. Die Automatisierung von Handelsentscheidungen durch Algorithmen kann die Belastung reduzieren, indem emotionale Einflüsse minimiert werden. Ein Algorithmus handelt nach vordefinierten Regeln und ist nicht anfällig für Angst oder Gier. Die Automatisierung ermöglicht die Ausführung von Handelsstrategien rund um die Uhr und die Ausnutzung von kurzfristigen Marktbewegungen. Ein Händler, der beispielsweise einen Algorithmus für den automatisierten Handel einsetzt, kann sich auf die Entwicklung und Optimierung seiner Strategien konzentrieren, anstatt jeden Trade manuell auszuführen. Die Delegation von Aufgaben an spezialisierte Dienstleister kann die Belastung im Handelsprozess reduzieren. Ein Vermögensverwalter kann beispielsweise die Verwaltung des Portfolios übernehmen und den Händler von administrativen Aufgaben entlasten. Ein Steuerberater kann bei der steuerlichen Optimierung der Handelsaktivitäten unterstützen. Die Zusammenarbeit mit Experten ermöglicht es dem Händler, sich auf seine Kernkompetenzen zu konzentrieren und die Belastung durch komplexe Aufgaben zu reduzieren.

Meditation [i7]

Gut zu wissen

Achtsamkeitsübungen

Achtsamkeitsübungen fördern das Bewusstsein für den gegenwärtigen Moment und helfen Händlern, sich auf den Handelsprozess zu konzentrieren, anstatt von Ängsten über zukünftige Verluste oder Gier nach Gewinnen abgelenkt zu werden.

Autogenes Training

Autogenes Training ist eine Entspannungstechnik, die durch Selbstbeeinflussung körperliche und mentale Ruhe herbeiführt und so Händlern hilft, mit dem Stress des Handels umzugehen und ihre emotionale Balance zu finden.

Handelstagebuch

Ein Handelstagebuch dient der systematischen Aufzeichnung von Handelsaktivitäten, einschließlich der Gründe für Entscheidungen und des emotionalen Zustands, um Muster im Handelsverhalten zu erkennen und die Selbstreflexion zu fördern.

Vermögensverwalter

Ein Vermögensverwalter kann Händler von der Belastung der Portfolioverwaltung entlasten, indem er Anlageentscheidungen trifft und administrative Aufgaben übernimmt, so dass sich Händler auf die Entwicklung von Handelsstrategien konzentrieren können.

Effektivität von Stressreduktionstechniken für Händler

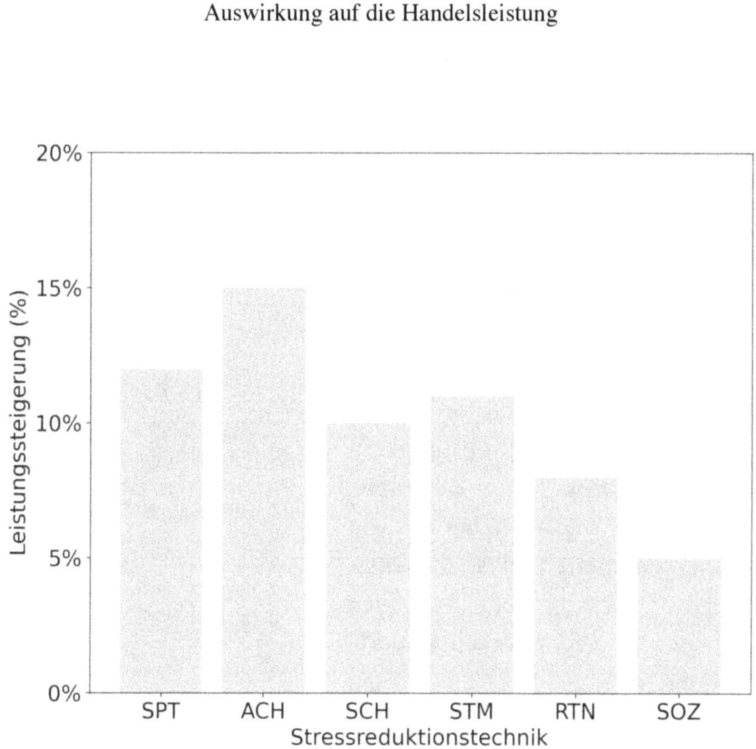

ACH: Achtsamkeit

SCH: Schlaf

SPT: Sport

RTN: Routine

SOZ: Soziale Unterstützung

STM: Keine Stimulanzien

Das Diagramm zeigt deutlich, dass Achtsamkeit und Sport sehr effektiv sind, um Stress zu reduzieren und die Handelsergebnisse zu verbessern. Während ausreichend Schlaf einen moderaten positiven Einfluss zeigt, bietet die Vermeidung von Stimulanzien und die Beibehaltung einer strukturierten Routine erhebliche Vorteile. Überraschenderweise zeigt soziale Unterstützung eine geringere Wirkung, was darauf hindeutet, dass Händler davon profitieren könnten, sich während der Handelszeiten auf individuelle Stressbewältigungstechniken zu konzentrieren.

Entspannungstechniken für Börsenhändler

Entspannungstechniken bieten Händlern Werkzeuge, um die im Handelsprozess unvermeidlichen Stresssituationen zu bewältigen und ihre Leistungsfähigkeit zu erhalten. Bewährte Methoden wie meditation, achtsamkeitsuebungen und autogenes_training fördern die emotionale Regulation und verbessern die Konzentrationsfähigkeit. Regelmäßiges Üben dieser Techniken kann die Wahrnehmung von Stressoren verändern und so zu einer verbesserten Stressresistenz beitragen [s24]. Achtsamkeitsbasierte Stressreduktion (MBSR) kann Händlern helfen, ihre Aufmerksamkeit auf den gegenwärtigen Moment zu lenken, anstatt sich in Sorgen über vergangene Trades oder zukünftige Marktentwicklungen zu verlieren. Ein Händler, der regelmäßig meditiert, kann in Stresssituationen gelassener reagieren und fundiertere Entscheidungen treffen. Autogenes Training hingegen nutzt die Kraft der Selbsthypnose, um körperliche und mentale Entspannung herbeizuführen. Durch die Wiederholung bestimmter Formeln, die auf die eigene Körperwahrnehmung abzielen, kann der Händler Ruhe und Ausgeglichenheit erreichen. Neben diesen etablierten Verfahren gibt es weitere Strategien zur kurzfristigen Stressbewältigung im Handel. Kurze Atemübungen, die sich unauffällig in den Handelstag integrieren

Achtsamkeit [i8]

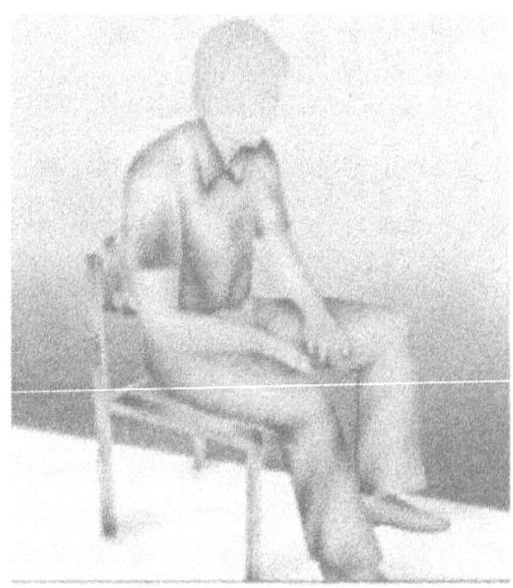

Autogenes Training [i9]

lassen, können helfen, akute Stressreaktionen abzumildern. Schon wenige Minuten bewusstes Atmen können die Herzfrequenz senken und die Konzentration fördern. Progressive Muskelentspannung, bei der einzelne Muskelgruppen gezielt angespannt und wieder entspannt werden, kann ebenfalls zur Lockerung von Verspannungen und zur Reduktion von Stress beitragen. Ein fünfminütiger Spaziergang an der frischen Luft oder eine kurze Pause mit entspannender Musik kann die mentale Klarheit wiederherstellen und die Entscheidungsfähigkeit verbessern. Wichtig ist, individuelle Strategien zu entwickeln und regelmäßig anzuwenden, um die eigene Stressresistenz zu stärken und im Handel erfolgreich zu agieren. Die Erfahrung zeigt, dass Händler, die aktiv an ihrer Stressbewältigung arbeiten, ihre Handelsleistung verbessern und ihre Zufriedenheit im Beruf steigern können [s24]. Die Integration von Entspannungstechniken in den Handelsprozess ist somit ein wichtiger Schritt zur langfristigen Erfolgssicherung und zum Erhalt der eigenen Gesundheit.

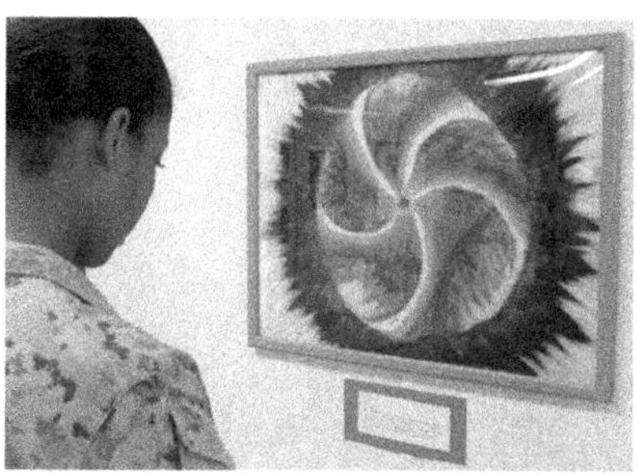

Stress [i10]

Entspannungstechniken erfolgreicher Händler

Bevorzugte Entspannungstechniken von Händlern für Stressbewältigung.

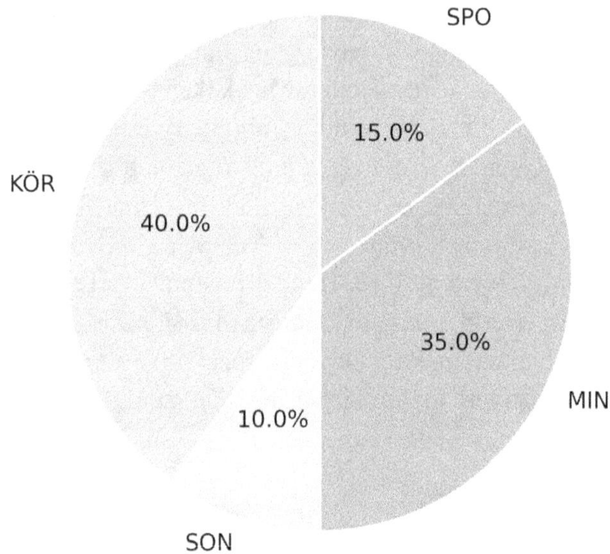

KÖR: Körperliche Bewegung (Fitnessstudio, Laufen)

MIN: Achtsamkeit (Meditation, Yoga)

SON: Sonstige (Lesen, Hobbys)

SPO: Soziale Aktivitäten (Freunde, Familie)

Achtsamkeit und körperliche Bewegung sind die beliebtesten Entspannungstechniken, was auf einen Fokus auf geistiges und körperliches Wohlbefinden hindeutet. Während soziale Aktivitäten eine Rolle spielen, stellen sie einen kleineren Teil dar, was darauf hindeutet, dass Händler möglicherweise individuelle Aktivitäten zur Stressbewältigung priorisieren. Der relativ geringe Prozentsatz von 'Sonstige' deutet darauf hin, dass die abgedeckten Techniken die wichtigsten Methoden umfassen, die von dieser Gruppe verwendet werden.

Leistungsfähigkeit langfristig erhalten

Langfristige Leistungsfähigkeit im Trading erfordert ein umfassendes Verständnis der eigenen physischen und mentalen Ressourcen. Kontinuierliche Spitzenleistung ist kein Sprint, sondern ein Marathon, der ein nachhaltiges Management von Energie und Konzentration verlangt. Daher ist die Gestaltung des Alltagslebens außerhalb der Handelstätigkeit ebenso relevant wie die Optimierung des Handelsprozesses selbst. Ausreichender Schlaf von etwa sieben bis acht Stunden pro Nacht bildet die Grundlage für kognitive Leistungsfähigkeit und emotionale Stabilität. Ein Händer, der regelmäßig ausreichend schläft, verbessert seine Fähigkeit, komplexe Marktsituationen zu analysieren und fundierte Entscheidungen zu treffen. Eine ausgewogene Ernährung mit viel Obst, Gemüse und Vollkornprodukten liefert dem Körper die nötige Energie und Nährstoffe, um den Anforderungen des Trading-Alltags gerecht zu werden. Regelmäßige Bewegung, etwa 30 Minuten moderates Training an den meisten Tagen der Woche, fördert die Durchblutung, reduziert Stresshormone und verbessert die Stimmung. Neben den physischen Grundbedürfnissen spielt die mentale Regeneration eine entscheidende Rolle für den Erhalt der Leistungsfähigkeit. Händler sollten bewusst Zeiten der Entspannung und des mentalen Ausgleichs in ihren Alltag integrieren. Dies können Aktivitäten wie Lesen, Musik hören, Zeit in der Natur verbringen oder die Pflege sozialer Kontakte sein. Ein strukturierter Tagesablauf mit festen Arbeits- und Freizeitblöcken hilft, die Balance zwischen Belastung und Erholung zu gewährleisten und Überarbeitung zu vermeiden. Ein Händler, der etwa nach dem Handelstag bewusst abschaltet und sich seinen Hobbys widmet, startet am nächsten Tag erfrischt und konzentriert in den Handel. Die Fähigkeit, mit Stress und Rückschlägen umzugehen, ist ein weiterer Schlüsselfaktor für langfristigen Erfolg im Trading. resilienz, die Fähigkeit, sich von Misserfolgen zu erholen und gestärkt daraus hervorzugehen, lässt sich trainieren. Methoden wie meditation, Achtsamkeitsübungen oder autogenes_training können helfen, die eigene Stressresistenz zu erhöhen und emotionale Reaktionen auf Marktvolatilität zu kontrollieren. Ein regelmäßiges Reflektieren der eigenen Handelstätigkeit, etwa durch ein Trading-Journal, in dem nicht nur die Trades, sondern auch die damit verbundenen Emotionen dokumentiert werden, ermöglicht es, wiederkehrende Verhaltensmuster und emotionale Trigger zu identifizieren und gezielt daran zu arbeiten.

Mentoring [i11]

Kontinuierliches Lernen und die Weiterentwicklung der eigenen Fähigkeiten sind ebenfalls wichtig, um langfristig im Trading erfolgreich zu sein. Die Märkte verändern sich ständig, neue Technologien und Handelsstrategien entstehen. Händler sollten daher bestrebt sein, ihr Wissen und ihre Fähigkeiten stetig zu erweitern. Dies kann durch das Lesen von Fachliteratur, die Teilnahme an Webinaren oder Seminaren, den Austausch mit anderen Händlern oder durch Mentoring-Programme geschehen. Ein Händler, der sich kontinuierlich fortbildet, erweitert nicht nur seinen Werkzeugkasten, sondern stärkt auch sein Selbstvertrauen und seine Anpassungsfähigkeit an neue Marktsituationen. Durch die Kombination aus physischer und mentaler Gesundheit, effektiven Stressmanagement-Strategien und kontinuierlichem Lernen können Händler ihre Leistungsfähigkeit langfristig erhalten und im dynamischen Umfeld der Finanzmärkte erfolgreich agieren.

Händlerleistung und Erholung

Zusammenhang zwischen Erholungszeit, Stresslevel und Handelsleistung.

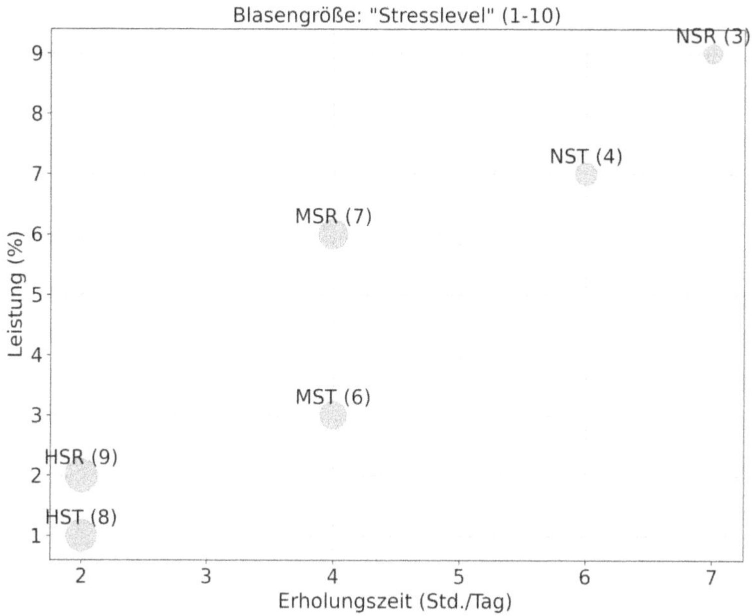

Blasengröße: Stresslevel (1-10)

HSR: Hoher Stress, Hohe Erholung	HST: Hoher Stress, Niedrige Erholung
MSR: Mittlerer Stress, Hohe Erholung	MST: Mittlerer Stress, Niedrige Erholung
NSR: Niedriger Stress, Hohe Erholung	NST: Niedriger Stress, Niedrige Erholung

Das Diagramm deutet auf einen starken Zusammenhang zwischen Erholungszeit und Handelsleistung hin. Händler mit höherem Stresslevel weisen im Allgemeinen eine geringere Leistung auf. Darüber hinaus scheint eine längere Erholungszeit die negativen Auswirkungen von Stress zu mildern und zu einer verbesserten Leistung zu führen. Dies unterstreicht die Bedeutung von Stressmanagement und ausreichender Erholung für optimale Handelsergebnisse.

Konkrete Ratschläge

- Verankern Sie Ihre Handelsstrategie in einem persönlichen Mantra, das Sie in stressigen Marktphasen wiederholen, um Ruhe und Fokus zu finden.
- Entwickeln Sie ein mentales Bild Ihres idealen Händler-Ichs – ruhig, diszipliniert und erfolgreich – und rufen Sie dieses Bild in herausfordernden Situationen ab.
- Nutzen Sie die Natur als Inspirationsquelle: Beobachten Sie die Anpassungsfähigkeit von Pflanzen und Tieren an wechselnde Bedingungen und übertragen Sie diese Prinzipien auf Ihr Trading.
- Integrieren Sie Elemente aus dem Sport-Mentaltraining in Ihr Trading, wie beispielsweise Visualisierungstechniken oder Konzentrationsübungen.
- Schaffen Sie sich einen persönlichen Ankerpunkt, einen Gegenstand oder eine Geste, der Sie an Ihre Trading-Prinzipien und Ihre emotionale Balance erinnert.
- Führen Sie ein Dankbarkeitstagebuch für positive Entwicklungen im Trading, um Ihre Aufmerksamkeit auf Erfolge zu lenken und Selbstvertrauen aufzubauen.
- Trainieren Sie Ihre Intuition: Notieren Sie Ihre "Bauchgefühle" vor Trades und überprüfen Sie deren Treffsicherheit im Nachhinein, um Ihre unbewussten Marktsignale zu schärfen.
- Entwickeln Sie eine Notfallstrategie für emotionale Ausnahmesituationen, wie beispielsweise eine Atemübung oder das bewusste Verlassen des Handelsplatzes.
- Reflektieren Sie Ihre Trades aus der Vogelperspektive: Stellen Sie sich vor, Sie beraten einen Freund in der gleichen Situation – welche Tipps würden Sie ihm geben?

Rückblick - 4. Psychologie und Mentaltraining

Erfolgreiches Trading basiert nicht nur auf fundierten Marktkenntnissen und ausgefeilten Strategien, sondern gleichermaßen auf Ihrer mentalen Stärke. Der Einfluss psychologischer Faktoren auf Handelsentscheidungen ist immens und kann über Gewinn und Verlust entscheiden. Um Ihre Performance nachhaltig zu optimieren, sollten Sie daher die psychologischen Aspekte des Tradings gezielt trainieren und in Ihren Handelsprozess integrieren. Dieser reflektierende Text bietet Ihnen praxisnahe Handlungsempfehlungen, um Ihre mentale Fitness zu stärken und Ihre Entscheidungsfindung zu optimieren.

Ein wichtiger Schritt ist die bewusste Auseinandersetzung mit Ihren Emotionen. Analysieren Sie, wie Angst, Gier, Euphorie oder Panik Ihre Entscheidungen beeinflussen. Führen Sie ein Trading-Tagebuch, um Ihre emotionalen Reaktionen auf Marktbewegungen und Ihre darauf folgenden Handlungen zu dokumentieren. Dies ermöglicht es Ihnen, wiederkehrende Muster zu erkennen und gezielt gegenzusteuern. Erlernen Sie Techniken zur Emotionsregulation, wie beispielsweise Achtsamkeitsübungen, Meditation oder autogenes Training. Integrieren Sie kurze Entspannungsphasen in Ihren Handelstag, um Stress abzubauen und Ihre Konzentration zu fördern. Definieren Sie klare Regeln für Ihr Risikomanagement, wie beispielsweise Stop-Loss-Limits und maximale Positionsgrößen, um emotionale, impulsive Entscheidungen zu vermeiden.

Kognitive Verzerrungen, wie der Bestätigungsfehler, Overconfidence oder der Dispositionseffekt, können Ihre Wahrnehmung der Märkte verzerren und zu Fehlentscheidungen führen. Um diese Fallen zu umgehen, sollten Sie Ihre Annahmen kritisch hinterfragen und Informationen aus verschiedenen, unabhängigen Quellen beziehen. Dokumentieren Sie Ihre Entscheidungen und deren Begründung *vor* der Ausführung im Trading-Tagebuch, um den Hindsight-Bias zu minimieren und aus Ihren Fehlern zu lernen. Entwickeln Sie Checklisten und definierte Kriterien für Ihre Marktanalyse, um die Objektivität Ihrer Entscheidungen zu erhöhen. Der Austausch mit anderen Händlern oder ein Mentor kann Ihnen helfen, blinde Flecken zu erkennen und Ihre Strategien zu optimieren.

Selbstdisziplin ist essentiell, um langfristige Strategien konsequent umzusetzen und kurzfristigen Versuchungen zu widerstehen. Die hyperbolische Diskontierung, unsere Tendenz, sofortige Belohnungen höher zu bewerten als zukünftige, kann zu impulsivem Handeln führen. Um dem entgegenzuwirken, verknüpfen Sie Ihre aktuellen Handelsentscheidungen bewusst mit Ihren langfristigen Zielen. Visualisieren Sie die Konsequenzen Ihrer heutigen Handlungen für Ihr zukünftiges Ich. Setzen Sie sich klare Regeln und Handlungspläne, bevor Sie in den Markt eintreten – beispielsweise durch die Einrichtung automatisierter Stop-Loss-Orders. Betrachten Sie Ihre Handelsentscheidungen nicht isoliert, sondern im Kontext einer Serie von Trades oder eines definierten Zeitraums.

Die Integration von Psychologie und Mentaltraining in Ihren Handelsprozess erfordert Zeit, Mühe und Selbstreflexion. Doch die Belohnung ist beträchtlich: Sie stärken Ihre mentale Widerstandsfähigkeit, optimieren Ihre Entscheidungsfindung und erhöhen Ihre Chancen auf nachhaltigen Erfolg im Trading. Seien Sie geduldig mit sich selbst, feiern Sie Ihre Fortschritte und bleiben Sie bestrebt, Ihre mentalen Fähigkeiten kontinuierlich weiterzuentwickeln. Der Weg zu einem mental starken und erfolgreichen Trader ist ein fortwährender Prozess, der Ihnen nicht nur finanzielle Gewinne, sondern auch mehr Zufriedenheit und Ausgeglichenheit im Trading-Alltag bringen wird.

5. Spezialisierte Handelsformen

Haben Sie sich jemals gefragt, warum manche Trader in bestimmten Marktsegmenten konstant Gewinne erzielen, während andere trotz ähnlicher Grundkenntnisse scheitern? Die Antwort liegt oft nicht in der allgemeinen Handelsstrategie, sondern in der gezielten Anpassung an spezifische Marktbedingungen und Zeitfenster. Erfolgreiche Händler verstehen die subtilen Unterschiede zwischen verschiedenen Märkten und nutzen deren einzigartige Eigenschaften zu ihrem Vorteil. Die Beherrschung dieser spezialisierten Ansätze erfordert mehr als nur technische Analyse – sie verlangt ein tiefes Verständnis der Marktpsychologie und der Beziehungen zwischen verschiedenen Anlageklassen. In diesem Kapitel entschlüsseln wir die verborgenen Mechanismen, die den Unterschied zwischen durchschnittlichen und außergewöhnlichen Handelsergebnissen ausmachen.

5. 1 Daytrading für Anfänger

Daytrading bietet die Chance, kurzfristige Marktbewegungen auszunutzen, erfordert aber ein tiefes Verständnis von technischer Analyse, Risikomanagement und Marktmechanismen. Von der Interpretation von Chartmustern und Indikatoren bis zur Beherrschung der eigenen Emotionen – die Herausforderungen sind vielfältig. Erfolgreiches Daytrading bedeutet, diese Herausforderungen zu meistern und eine individuelle, disziplinierte Handelsstrategie zu entwickeln. Dieser Abschnitt liefert Ihnen das Fundament, um genau das zu erreichen.

Konsequentes Risikomanagement, Disziplin und emotionale Kontrolle sind für Daytrader wichtiger als die Jagd nach schnellen Gewinnen.

Kurzfristige Handelschancen erkennen

Kurzfristige Handelschancen im Daytrading zu erkennen, erfordert die Kombination von technischer Analyse, Chartlesen und dem Verständnis von Marktmechanismen. Preisbewegungen entstehen durch Angebot und Nachfrage. Ein Überschuss an Käufern treibt den Preis nach oben, ein Überschuss an Verkäufern drückt ihn nach unten. Daytrader versuchen, diese kurzfristigen Schwankungen auszunutzen. technische_indikatoren helfen dabei, potenzielle Einstiegs- und Ausstiegspunkte zu identifizieren. gleitende_durchschnitte beispielsweise zeigen die durchschnittlichen Kurse über einen bestimmten Zeitraum und können Trendbestätigungen oder -umkehrungen signalisieren. Ein kurzfristiger gleitender Durchschnitt, der einen langfristigen gleitenden Durchschnitt von unten nach oben kreuzt, kann ein Kaufsignal generieren – ein sogenannter Golden Cross. Umgekehrt deutet ein Durchbrechen des kurzfristigen gleitenden Durchschnitts nach unten durch den langfristigen gleitenden Durchschnitt – der Death Cross – auf einen möglichen Abwärtstrend hin. Auch das Volumen spielt eine entscheidende Rolle. Ein steigender Kurs bei hohem Volumen bestätigt die Kaufkraft, während ein steigender Kurs bei niedrigem Volumen oft ein Warnsignal für eine bevorstehende Korrektur darstellt. chartmuster bieten weitere Möglichkeiten, kurzfristige Handelschancen zu finden. Sie entstehen durch die wiederkehrenden Verhaltensweisen von Marktteilnehmern und können Hinweise auf zukünftige Preisbewegungen geben. So deutet die Formation eines Doppelbodens, bei der der Kurs zweimal auf einem Unterstützungsniveau abprallt und anschließend steigt, auf eine potenzielle Trendwende hin. Das umgekehrte Pendant, der Doppeltop, bildet sich an einem Widerstandsniveau und signalisiert einen möglichen Abwärtstrend. Dreiecke, Flaggen und Wimpel sind typische Fortsetzungsmuster, die während einer konsolidierungsphase auftreten und oft einen Ausbruch in Richtung des vorherigen Trends ankündigen. Das Erkennen dieser Muster im Chart erfordert Übung und Erfahrung.

Ein Trader könnte beispielsweise die Kursentwicklung einer Aktie über einen Zeitraum von fünf Minuten beobachten und nach der Ausbildung einer Flagge Ausschau halten. Bricht der Kurs nach oben aus der Flagge aus, könnte dies ein Kaufsignal sein. Neben der technischen Analyse beeinflussen auch fundamentale Faktoren wie Unternehmensnachrichten, Wirtschaftsdaten und politische Ereignisse die Märkte. Daytrader müssen diese Informationen schnell verarbeiten und ihre Handelsstrategien entsprechend anpassen. Ein unerwartet positiver Gewinnbericht kann beispielsweise zu einem sprunghaften Kursanstieg führen, während eine unerwartete Zinserhöhung der Zentralbank die Märkte belasten kann. Es ist daher ratsam, sich regelmäßig über aktuelle Marktgeschehen zu informieren und einen Wirtschaftskalender zu nutzen, um wichtige Termine im Blick zu behalten. Die Kombination aus technischer und fundamentaler Analyse erhöht die Wahrscheinlichkeit, profitable Handelschancen zu identifizieren. Darüber hinaus ist Risikomanagement ein unverzichtbarer Bestandteil des Daytradings. Kein Trader kann jeden Trade gewinnen, daher ist es wichtig, Verluste zu begrenzen und Gewinne zu maximieren. stoplossorders helfen dabei, Verluste zu kontrollieren, indem sie eine automatische Verkaufsorder auslösen, sobald der Kurs ein bestimmtes Niveau unterschreitet. Take-Profit-Orders sichern Gewinne, indem sie eine automatische Verkaufsorder auslösen, wenn der Kurs ein bestimmtes Gewinnziel erreicht. Ein Trader könnte beispielsweise einen Stop-Loss 5 Cent unter dem Einstiegspreis und einen Take-Profit 15 Cent über dem Einstiegspreis platzieren, um ein Risiko-Ertrags-Verhältnis von 1:3 zu erreichen. Disziplin und Geduld sind weitere wichtige Eigenschaften erfolgreicher Daytrader. Nicht jeder Tag bietet profitable Handelschancen und es ist wichtig, nicht zu übertraden oder emotionalen Entscheidungen zu erliegen. Die Auswahl der richtigen Handelsplattform und die Nutzung von Tools wie Charting-Software, Realtime-Datenfeeds und News-Alerts unterstützen den Trader bei der Entscheidungsfindung. Die Handelsplattform sollte benutzerfreundlich,

zuverlässig und kosteneffizient sein. Ein demokonto ermöglicht es Anfängern, verschiedene Strategien zu testen und Erfahrungen zu sammeln, ohne echtes Geld zu riskieren. Kontinuierliche Weiterbildung durch Bücher, Webinare und Online-Kurse hilft, das Verständnis der Märkte und die eigenen Fähigkeiten zu verbessern. Daytrading ist eine anspruchsvolle Tätigkeit, die Zeit, Engagement und Disziplin erfordert.

Häufigkeit vs. Rentabilität von Intraday-Setups

Vergleich der durchschnittlichen Rentabilität mit der Häufigkeit praktikabler Setups für verschiedene Intraday-Strategien.

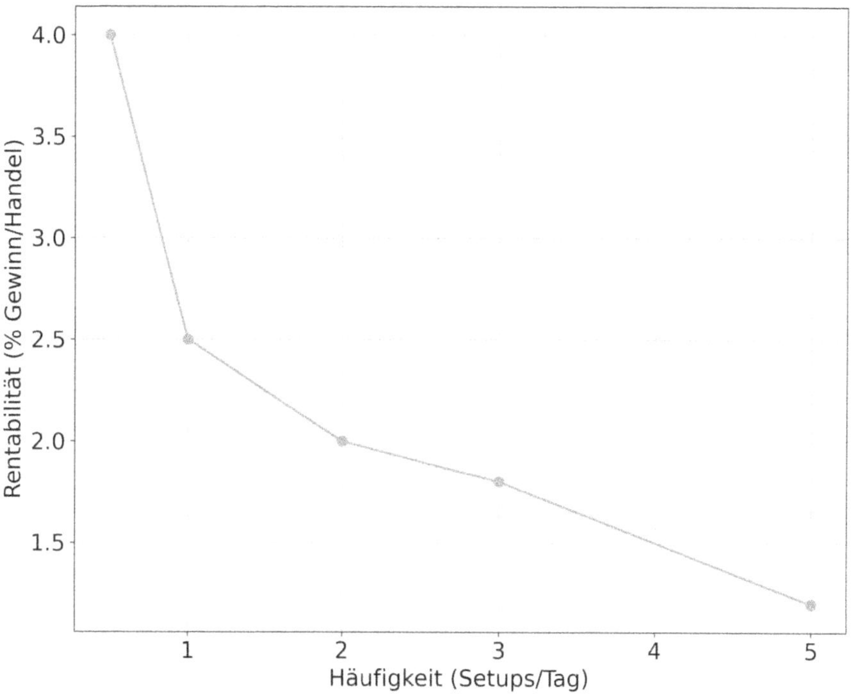

Dieses Diagramm veranschaulicht den Kompromiss zwischen Häufigkeit und Rentabilität verschiedener Intraday-Setups. Während einige Setups häufig vorkommen, aber geringere durchschnittliche Gewinne bieten, sind andere seltener, aber potenziell lukrativer. Händler sollten ihre Risikobereitschaft und ihren bevorzugten Handelsstil bei der Auswahl einer Strategie berücksichtigen. Hochfrequenz-Setups könnten für diejenigen geeignet sein, die einen aktiveren Handel bevorzugen, während niedrigfrequentere Setups mit höherem Gewinn für diejenigen mit einer längerfristigen Perspektive attraktiver sein könnten.

Tageshandelsroutinen entwickeln

Eine strukturierte Handelsroutine ist für Daytrader unerlässlich, um langfristig erfolgreich zu agieren. Diese sollte feste Zeiten für die Marktbeobachtung, Analyse und den eigentlichen Handel beinhalten. Ein fester Zeitplan hilft, emotionale und impulsive Entscheidungen zu vermeiden. Die Routine sollte an den persönlichen Biorhythmus und die Marktöffnungszeiten angepasst sein. So kann ein Händler, der morgens konzentrierter ist, seinen Fokus auf den Handelsbeginn legen, während ein anderer Händler die Mittagszeit für die Analyse nutzt. Die Marktbeobachtung umfasst das Überprüfen von Kursen, Nachrichten und wichtigen Wirtschaftsindikatoren. Die Analysephase dient der Identifizierung potenzieller Handelsmöglichkeiten anhand von Charts, technischen_indikatoren und der eigenen Handelsstrategie. Der eigentliche Handel sollte diszipliniert und nach Plan erfolgen, wobei Stop-Loss- und takeprofitorders gesetzt werden, um das Risiko zu minimieren und Gewinne zu sichern. Nach Handelsschluss ist eine Reflexion der Trades wichtig, um aus Fehlern zu lernen und die Strategie zu optimieren. Diese Nachbereitung kann das Festhalten von Gewinnen und Verlusten, die Überprüfung der Ein- und Ausstiegspunkte sowie die Analyse des emotionalen Zustands während des Handels umfassen. Eine solche systematische Vorgehensweise hilft, konsequent die Handelsstrategie umzusetzen und

langfristig positive Ergebnisse zu erzielen. Die Strukturierung des Handelstages in festgelegte Phasen – Marktbeobachtung, Analyse, Handel und Nachbereitung – ermöglicht eine fokussierte und disziplinierte Vorgehensweise. [s25] Die Analyse von zentralen Aktien im Marktgeschehen, zu vergleichen mit Knotenpunkten in einem Netzwerk, kann wertvolle Informationen liefern. Aktien, die in der Nähe solcher "Hubs" liegen, könnten besonders lohnende Investitionsmöglichkeiten darstellen, da sie oft stärker von übergreifenden Markttrends beeinflusst werden. Zusätzlich zur Strukturierung des Tagesablaufs ist eine kontinuierliche Weiterbildung für Daytrader essenziell. Neue Marktbedingungen, Technologien und Strategien erfordern ständige Anpassung und das Erlernen neuer Fähigkeiten. Dies kann durch das Studium von Fachliteratur, die Teilnahme an Webinaren oder den Austausch mit anderen Tradern geschehen.

Gut zu wissen

Webinar

Ein Webinar ist ein Online-Seminar, das live über das Internet übertragen wird. Es bietet die Möglichkeit, von Experten zu lernen und mit anderen Teilnehmern zu interagieren.

Wirtschaftsindikator

Wirtschaftsindikatoren sind statistische Daten, die die wirtschaftliche Entwicklung eines Landes oder einer Region widerspiegeln. Sie können verwendet werden, um zukünftige Marktbewegungen vorherzusagen.

Zeitaufteilung für Daytrading-Aktivitäten

Zeitaufwand für wichtige Daytrading-Aktivitäten.

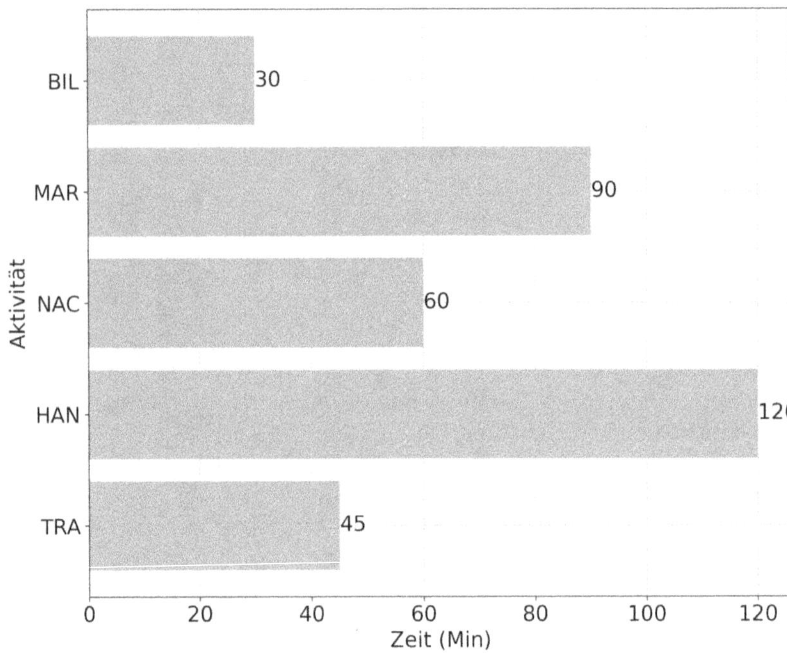

BIL: Bildung/Lernen

HAN: Handelsausführung

MAR: Marktanalyse

NAC: Nachhandelsanalyse

TRA: Recherche

Das Diagramm verdeutlicht den erheblichen Zeitaufwand, der für Marktanalysen und Recherchen erforderlich ist und unterstreicht deren Bedeutung für erfolgreiches Daytrading. Weniger Zeit wird für die eigentliche Handelsausführung aufgewendet, was auf einen Fokus auf fundierte Entscheidungen statt auf schnelle, häufige Trades hindeutet. Die Nachhandelsanalyse spielt ebenfalls eine entscheidende Rolle, was auf ein Engagement für kontinuierliches Lernen und Verbesserung schließen lässt.

Typische Anfängerfehler vermeiden

Anfänger im Daytrading begehen oft wiederkehrende Fehler, die zu erheblichen Verlusten führen können. Ein häufiger Fehler ist das Übertraden, getrieben von der Illusion, schnell reich zu werden. Statt ausgewählte, gut geplante Trades durchzuführen, werden viele kleine, oft impulsive Transaktionen getätigt [s26]. Dies erhöht die Transaktionskosten und verringert die Gesamtrendite. Zu vergleichen ist dies mit einem undichten Fass, bei dem kleinere Lecks unbemerkt den größten Teil des Inhalts verlieren. Ein disziplinierter Ansatz mit weniger, dafür aber gründlich analysierten Trades, ist langfristig profitabler. Ein weiterer typischer Fehler ist das Ignorieren des Risikomanagements. Viele Anfänger setzen zu viel Kapital pro Trade ein und versäumen es, stoplossorders zu verwenden. Dies führt dazu, dass einzelne Verluste das gesamte Handelskonto gefährden können. Eine effektive Risikomanagementstrategie begrenzt den Kapitaleinsatz pro Trade auf einen kleinen Prozentsatz des Gesamtkapitals, zum Beispiel ein bis zwei Prozent. Ergänzend dazu sichern Stop-Loss-Orders das Kapital vor zu großen Verlusten ab. Auch die psychologischen Aspekte des Tradings werden oft unterschätzt [s26]. Angst und Gier führen zu irrationalen Entscheidungen. Anfänger halten oft an verlustbringenden Positionen fest, in der Hoffnung, dass sich der Kurs wieder erholt, oder verkaufen gewinnbringende Positionen zu früh, aus Angst vor einem Kursrückgang. Disziplin und emotionale Kontrolle sind daher essentiell. Ein Trading-Tagebuch, in dem alle Trades mit Begründung dokumentiert werden, hilft, die eigenen Entscheidungen zu analysieren und emotionale Muster zu erkennen. Ein weiterer Fehler ist die mangelnde Vorbereitung. Anfänger starten oft ohne ausreichendes Wissen über die Märkte, Handelsstrategien und die verwendete Handelsplattform. Ein Demokonto bietet die Möglichkeit, Erfahrungen zu sammeln und Strategien zu testen, ohne reales Geld zu riskieren. Die Nutzung von Bildungsressourcen wie Fachbüchern, Webinaren und Online-Kursen ist ebenfalls empfehlenswert. Schließlich sollten

Anfänger komplexe Finanzinstrumente wie Derivate, insbesondere gehebelte Produkte, meiden. Diese sind schwer zu verstehen und bergen ein hohes Risikopotential [s26]. Ein fokussiertes Vorgehen mit einfachen Instrumenten, wie zum Beispiel Aktien mit ausreichender liquiditaet, ist für den Start besser geeignet.

Gut zu wissen

Risikomanagement

Strategien und Maßnahmen zur Begrenzung potenzieller Verluste beim Trading. Ein wichtiger Bestandteil ist die Positionsgrößenbestimmung, um das Risiko pro Trade zu kontrollieren.

Trading-Tagebuch

Ein detailliertes Protokoll aller Trades, einschließlich der Gründe für den Einstieg und Ausstieg, sowie der emotionalen Verfassung des Händlers. Es dient der Selbstreflexion und der Verbesserung der Handelsleistung.

Transaktionskosten

Gebühren und andere Kosten, die beim Kauf und Verkauf von Wertpapieren anfallen. Diese Kosten können die Rendite erheblich schmälern, insbesondere bei häufigem Handeln.

Übertraden

Übermäßiges Handeln, bei dem durch zu häufige Transaktionen Gewinne durch Gebühren und Spreads aufgezehrt werden.

Häufige Fehler beim Daytrading

Verteilung der häufigsten Fehler von unerfahrenen Daytradern.

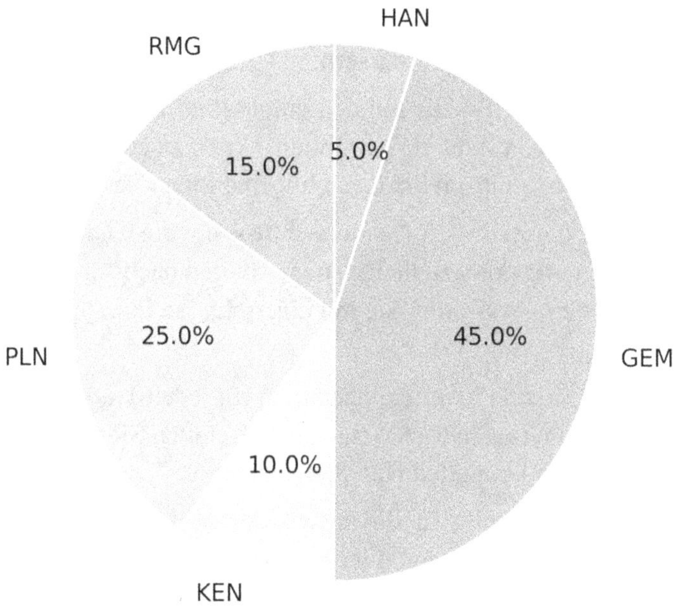

GEM: Emotionales Handeln (Angst und Gier)

HAN: Verfolgen von Trends/heißen Tipps

KEN: Mangelndes Wissen/Ausbildung

PLN: Mangelnde Planung/Strategie

RMG: Schlechtes Risikomanagement

Das Diagramm zeigt, dass emotionales Handeln (Angst und Gier) den größten Anteil an Verlusten bei Anfängern hat, gefolgt von mangelnder Planung und schlechtem Risikomanagement. Ein kleinerer, aber immer noch relevanter Teil der Verluste ist auf unzureichendes Wissen und das Verfolgen von heißen Tipps zurückzuführen. Dies unterstreicht die Bedeutung von psychologischer Disziplin, strategischer Planung und einem soliden Verständnis von Risiken für erfolgreiches Daytrading.

Konkrete Ratschläge

- Verfolgen Sie die Entwicklung weniger Aktien über mehrere Tage hinweg, um ein Gefühl für deren individuelle Rhythmen und typische Bewegungsmuster zu entwickeln.
- Konzentrieren Sie sich zunächst auf nur ein oder zwei spezialisierte Handelsformen, z.B. Scalping oder Momentum-Trading, um Ihre Fähigkeiten gezielt zu verbessern.
- Erstellen Sie eine Tabelle mit den durchschnittlichen Kursbewegungen Ihrer ausgewählten Aktien zu bestimmten Tageszeiten und nutzen Sie diese Informationen für Ihr Timing.
- Nutzen Sie die Zeit nach Handelsschluss, um die Charts des Tages zu analysieren und potenzielle Einstiege für den nächsten Tag vorzubereiten – so starten Sie mit einem klaren Plan in den Handelstag.
- Definieren Sie drei konkrete Szenarien für jeden Trade: Best-Case, Worst-Case und realistisches Szenario. Bereiten Sie für jedes Szenario einen konkreten Handlungsplan vor.
- Setzen Sie sich Limits für die Anzahl der Trades pro Tag und pro Woche, um Übertrading und impulsive Entscheidungen zu vermeiden. Halten Sie sich strikt an diese selbstgesetzten Grenzen.
- Führen Sie ein Lern-Tagebuch, in dem Sie nicht nur Ihre Trades, sondern auch neue Erkenntnisse über den Markt, Strategien oder Ihre eigene Psychologie festhalten.
- Entwickeln Sie ein Ampelsystem für Ihre Emotionen: Grün für Ruhe und Konzentration, Gelb für leichte Nervosität, Rot für Angst oder Gier. Unterbrechen Sie den Handel, sobald Ihre Ampel auf Rot springt.

5. 2 Sektorenspezifischer Handel

Sektorenspezifischer Handel nutzt die zyklische Wertentwicklung von Branchen und deren Korrelationen, um Handelschancen zu identifizieren. Erfolgreicher Handel erfordert ein Verständnis des Konjunkturzyklus, makroökonomischer Daten, branchenspezifischer Faktoren und Marktsignale. Die Analyse von Subsektoren, globalen Handelsnetzwerken und Kern-Peripherie-Strukturen erweitert die Möglichkeiten, erfordert aber auch die Berücksichtigung der jeweiligen Besonderheiten. Branchenspezifische Charakteristika wie globale Handelsnetzwerke, Kern-Peripherie-Strukturen und regulatorische Rahmenbedingungen beeinflussen Handelsstrategien maßgeblich. Die korrekte Interpretation dieser Faktoren ist entscheidend für die Identifizierung von Chancen und die Minimierung von Risiken. Meistern Sie die Komplexität des sektorspezifischen Handels und erschließen Sie sich neue Erfolgspotenziale an der Börse.

Erfolgreicher sektorspezifischer Handel erfordert nicht nur die Berücksichtigung des Konjunkturzyklus und der Branchenrotation, sondern auch ein tiefes Verständnis der Korrelationen zwischen Sektoren, Subsektoren und branchenspezifischen Faktoren wie Handelsnetzwerkstrukturen und regulatorischen Besonderheiten.

Branchenrotation verstehen

Branchenrotation beschreibt die zyklische Wertentwicklung verschiedener Wirtschaftssektoren. Anleger nutzen dieses Wissen, um durch rechtzeitiges Umschichten ihres Portfolios höhere Renditen zu erzielen und Risiken zu minimieren. Der Konjunkturzyklus beeinflusst die Performance einzelner Branchen. In Zeiten wirtschaftlichen Aufschwungs profitieren zyklische Sektoren wie der Automobilbau oder der Tourismussektor überdurchschnittlich. Defensive Branchen, unter anderem Pharmaindustrie und Versorgungsunternehmen, weisen in Rezessionen oft eine relativ stabile Wertentwicklung auf, da die Nachfrage nach deren Produkten und Dienstleistungen weniger konjunkturabhängig ist. Um die Branchenrotation effektiv zu nutzen, ist ein Verständnis des Konjunkturzyklus und seiner Phasen unerlässlich. Indikatoren wie das Bruttoinlandsprodukt (BIP), die Zinsen und die Inflationsrate geben Aufschluss über den Zustand der Wirtschaft. Steigt das BIP und sinkt die Arbeitslosenquote, deutet dies auf eine expansive Phase hin, in der Investitionen in zyklische Sektoren attraktiv sein können. Bei einem Abschwung, gekennzeichnet durch sinkendes BIP und steigende Arbeitslosigkeit, bieten defensive Branchen potenziell mehr Sicherheit. Zusätzlich zu makroökonomischen Daten sollten auch branchenspezifische Faktoren, wie technologische Innovationen oder regulatorische Änderungen, berücksichtigt werden. Ein Beispiel: Die Einführung strengerer Emissionsvorschriften kann die Automobilindustrie belasten, während Unternehmen, die alternative Antriebstechnologien anbieten, profitieren. Neben der Analyse von Konjunktur- und Branchendaten spielt die Beobachtung von Marktsignalen eine Rolle. Die relative Stärke einzelner Sektoren im Vergleich zum Gesamtmarkt kann frühzeitig auf eine Rotation hindeuten. Steigt der Sektorindex des Technologiesektors stärker als der Gesamtmarktindex, könnte dies ein Signal für eine zunehmende Attraktivität dieser Branche sein. Auch das Analysten-Sentiment, also die Einschätzung von Experten zu den Zukunftsaussichten einzelner

Branchen, kann wertvolle Hinweise liefern. Eine steigende Anzahl positiver Analystenempfehlungen für einen bestimmten Sektor kann ein Indikator für ein bevorstehendes Wachstum sein. Ein systematischer Ansatz zur Branchenrotation kann die Portfolio-Performance verbessern. Eine Strategie könnte darin bestehen, in der frühen Phase des Konjunkturzyklus verstärkt in zyklische Sektoren zu investieren und im späteren Verlauf, wenn sich die Wirtschaft dem Höhepunkt nähert, das Portfolio in Richtung defensiver Branchen umzuschichten. Ein Anleger könnte beispielsweise zu Beginn eines Aufschwungs Aktien von Industrieunternehmen kaufen und diese später, bei Anzeichen einer konjunkturellen Abkühlung, gegen Aktien von Pharmaunternehmen tauschen. Eine solche Strategie erfordert jedoch eine kontinuierliche Marktbeobachtung und die Bereitschaft, Portfolioanpassungen vorzunehmen. Die Branchenrotation ist kein Garant für Gewinne und birgt auch Risiken. Eine fehlerhafte Einschätzung des Konjunkturzyklus oder unerwartete Ereignisse können zu Verlusten führen. Die diversifikation des Portfolios über verschiedene Sektoren hinweg bleibt daher wichtig, um das Gesamtrisiko zu reduzieren. Die Konzentration auf wenige Branchen kann zwar in bestimmten Marktphasen zu überdurchschnittlichen Renditen führen, erhöht aber gleichzeitig das Verlustrisiko, falls sich diese Branchen unerwartet negativ entwickeln. Eine ausgewogene Mischung aus zyklischen und defensiven Sektoren kann dazu beitragen, Schwankungen im Portfolio zu glätten und langfristig ein stabiles Wachstum zu erzielen. Darüber hinaus ist es ratsam, die eigene Risikobereitschaft und den Anlagehorizont bei der Umsetzung einer Branchenrotationsstrategie zu berücksichtigen. Anleger mit einer langfristigen Perspektive können kurzfristige Marktschwankungen eher tolerieren und stärker in zyklische Sektoren investieren. Konservative Anleger hingegen bevorzugen möglicherweise einen höheren Anteil defensiver Aktien, um ihr Kapital in volatilen Marktphasen zu schützen. Die Wahl der geeigneten Strategie hängt somit von den individuellen Anlagezielen und der persönlichen

Risikoneigung ab. Eine sorgfältige Analyse des Marktumfelds, die Berücksichtigung von Branchenfaktoren und die kontinuierliche Überwachung des Portfolios sind für eine erfolgreiche Umsetzung der Branchenrotation entscheidend. Professionelle Beratung kann Anlegern helfen, die Komplexität der Märkte zu verstehen und die für sie passende Strategie zu entwickeln.

Sektorperformance über Wirtschaftszyklen

Hypothetische Sektorperformance in verschiedenen Wirtschaftsphasen.

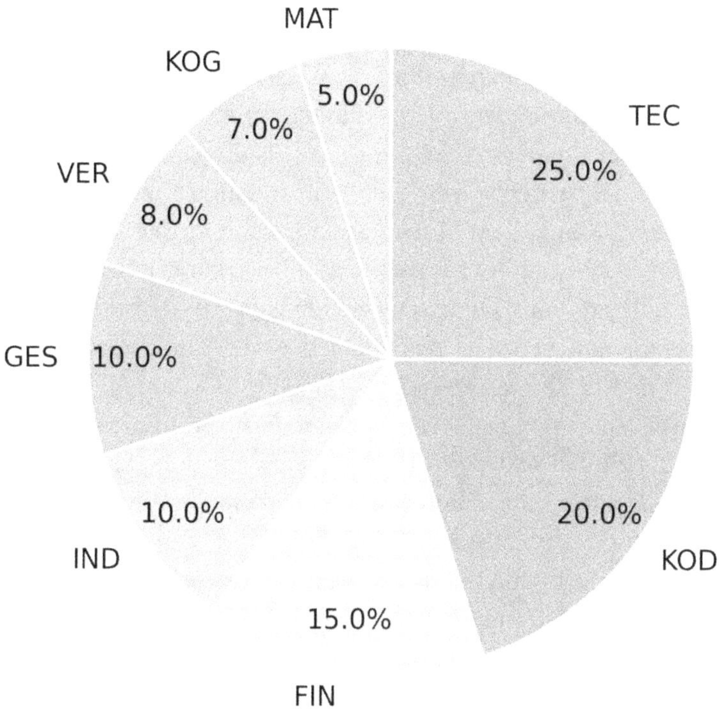

FIN: Finanzen
GES: Gesundheitswesen
IND: Industrie
KOD: Konsumgüter (zyk.)
KOG: Konsumgüter (Bas.)
MAT: Materialien
TEC: Technologie
VER: Versorger

Diese Grafik veranschaulicht das Potenzial für Sektorrotationsstrategien. Während Technologie und Nicht-Basiskonsumgüter in der Expansion eine starke Performance zeigen, hinken sie in der Kontraktion hinterher. Umgekehrt zeigen Versorger und Basiskonsumgüter in der Kontraktion Widerstandsfähigkeit, entwickeln sich aber während der Expansion unterdurchschnittlich. Dies unterstreicht die Bedeutung der Anpassung der Portfolioallokationen basierend auf dem Wirtschaftszyklus.

Sektorkorrelationen nutzen

Sektorkorrelationen bieten tiefere Einblicke in Marktbewegungen und eröffnen neue Möglichkeiten für Handelsstrategien. Anstatt Sektoren isoliert zu betrachten, analysiert man ihre Wechselwirkungen. Partielle Korrelationen helfen dabei, den Einfluss eines Sektors auf die Beziehung zweier anderer Sektoren zu isolieren. So lässt sich beispielsweise feststellen, ob die Korrelation zwischen dem Technologiesektor und dem Energiesektor durch den Finanzsektor beeinflusst wird. Zeigt sich ein starker Einfluss, können Händler diese Information nutzen, um Handelsentscheidungen zu optimieren. Steigt der Finanzsektor und verstärkt damit die positive Korrelation zwischen Technologie und Energie, könnten Händler Positionen in beiden Sektoren aufbauen, um von dieser Beziehung zu profitieren [s27]. Die Untersuchung von Subsektoren innerhalb eines Sektors kann ebenfalls wertvolle Informationen liefern. So könnte innerhalb des Technologiesektors der Subsektor Software eine stärkere Korrelation mit dem Finanzsektor aufweisen als der Subsektor Hardware. Diese Erkenntnis ermöglicht feinere Anpassungen der Handelsstrategie und eröffnet Möglichkeiten, gezielter in spezifische Subsektoren zu investieren. Anstatt den gesamten Technologiesektor zu kaufen, könnte ein Händler sich auf Software konzentrieren, wenn er von einer positiven Korrelation mit dem Finanzsektor ausgeht [s27]. Die Stabilität der Korrelationen im Zeitverlauf ist ein weiterer wichtiger Aspekt. Beständige Korrelationen bieten eine verlässlichere Grundlage für Handelsstrategien. Ändern sich die Beziehungen zwischen Sektoren jedoch häufig, müssen Strategien flexibler gestaltet und regelmäßig angepasst werden. Durch die Analyse historischer Daten können Händler die zeitliche Entwicklung von Sektorkorrelationen untersuchen und Muster identifizieren, die auf zukünftige Entwicklungen hindeuten. Diese Informationen helfen, robustere Handelsstrategien zu entwickeln, die auch unter veränderten

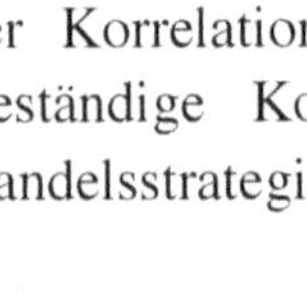

Marktbedingungen funktionieren. So könnte ein Händler, der eine historisch stabile negative Korrelation zwischen dem Gesundheitssektor und dem Rohstoffsektor beobachtet, diese Information nutzen, um ein diversifiziertes Portfolio aufzubauen, das in beiden Sektoren investiert, um das Gesamtrisiko zu minimieren. Durch die Kombination von Sektoranalysen mit der Untersuchung von Korrelationen und Subsektor-Einflüssen gewinnen Händler ein umfassenderes Bild des Marktes. Dieser ganzheitliche Ansatz erlaubt es, Chancen und Risiken besser einzuschätzen und fundiertere Investitionsentscheidungen zu treffen. Dabei ist es wichtig, die Dynamik des Marktes zu berücksichtigen und Strategien kontinuierlich zu überprüfen und anzupassen.

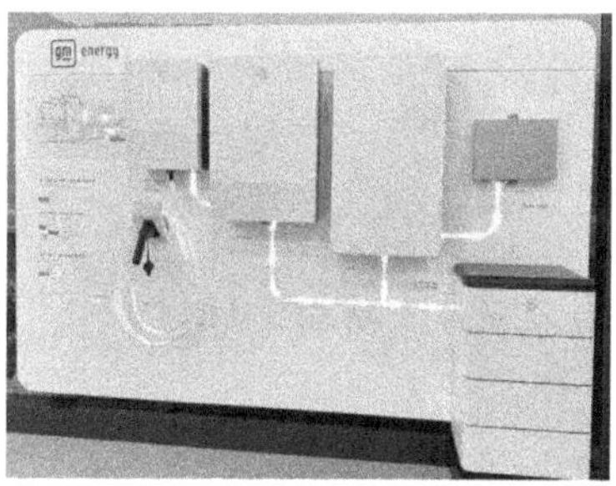

Energiesektor [i12]

Sektor Korrelationen im Handel

Korrelation, Volatilität und Volumen in verschiedenen Marktsektoren.

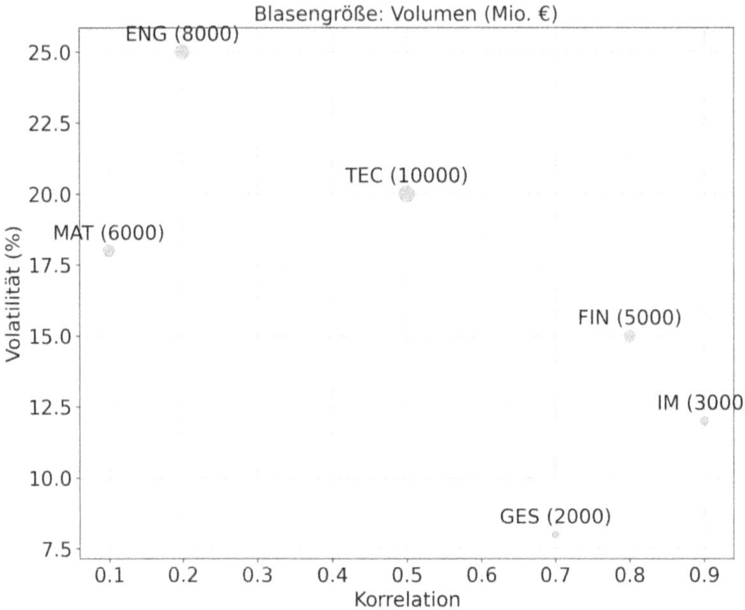

Blasengröße: Volumen (Mio. €)

ENG: Energie	FIN: Finanzen
GES: Gesundheit	IM: Immobilien
MAT: Materialien	TEC: Technologie

Das Diagramm zeigt verschiedene Cluster von Sektoren mit unterschiedlichen Korrelationen. Sektoren mit hoher Volatilität wie Technologie (TEC) weisen tendenziell größere Handelsvolumina auf. Während Finanzen (FIN) eine starke positive Korrelation mit Immobilien (IM) aufweisen, ist ihr Volumen erheblich geringer als das des weniger korrelierten Energiesektors (ENG). Dies deutet auf Möglichkeiten zur Diversifizierung und potenziell zur Ausnutzung von Volatilitätsunterschieden hin.

Branchenspezifische Besonderheiten

Branchenspezifische Charakteristika beeinflussen Handelsstrategien maßgeblich. Die Struktur globaler Handelsnetzwerke offenbart spezifische Dynamiken. So weisen einige Branchen, wie der Ginsenghandel, sogenannte „Kleine-Welt"- und skalenfreie Strukturen auf [s28]. Das bedeutet, dass trotz einer Vielzahl von Akteuren kurze Verbindungswege zwischen ihnen existieren und wenige zentrale Akteure eine überproportionale Anzahl an Verbindungen besitzen. Diese Struktur kann Handelsstrategien beeinflussen, da Preisveränderungen oder Lieferengpässe bei zentralen Akteuren weitreichende Folgen für das gesamte Netzwerk haben können. Ein Händler, der diese Strukturen versteht, kann potenzielle Risiken frühzeitig erkennen und entsprechend reagieren, etwa durch Diversifizierung der Lieferanten oder die frühzeitige Sicherung von Lieferverträgen. Die Analyse der Kern-Peripherie-Struktur bietet weitere Einblicke. Hierbei werden Akteure nach ihrer Position im Handelsnetzwerk klassifiziert: zentrale Akteure im Kern und periphere Akteure am Rand. Im Ginsenghandel zeigt sich eine zunehmende Konzentration des Handels innerhalb bestimmter Gruppen [s28]. Dieses Wissen ist für Händler relevant, um Zielmärkte zu identifizieren und strategische Partnerschaften aufzubauen. Ein Fokus auf den Handel innerhalb dieser Kerngruppen kann die Effizienz steigern und neue Geschäftsmöglichkeiten eröffnen. Gleichzeitig sollten Händler die Entwicklungen in den peripheren Bereichen beobachten, um potenzielle neue Märkte oder innovative Geschäftsmodelle frühzeitig zu erkennen. Darüber hinaus beeinflussen diverse Faktoren die Handelsströme innerhalb einer Branche. Geografische Nähe, technologische Ähnlichkeit und gemeinsame institutionelle Rahmenbedingungen spielen eine wichtige Rolle [s28]. Händler sollten diese Faktoren bei der Entwicklung ihrer Strategien berücksichtigen. So kann die geografische Nähe Transportkosten senken und die Lieferketten vereinfachen. Technologische Ähnlichkeit kann die Zusammenarbeit und den Austausch von Know-how erleichtern.

Ähnliche institutionelle Rahmenbedingungen, wie gemeinsame Standards oder Regulierungen, vereinfachen den Handel und reduzieren Unsicherheiten. Ein Händler, der in den internationalen Holzhandel einsteigt, profitiert vom Wissen über die unterschiedlichen Forstzertifizierungen in verschiedenen Ländern. So kann er seine Beschaffung gezielt auf Lieferanten ausrichten, die die im Zielland geforderten Standards erfüllen und dadurch Handelshemmnisse vermeiden. Die Berücksichtigung branchenspezifischer Charakteristika und beeinflussender Faktoren ist somit entscheidend für die Entwicklung erfolgreicher Handelsstrategien.

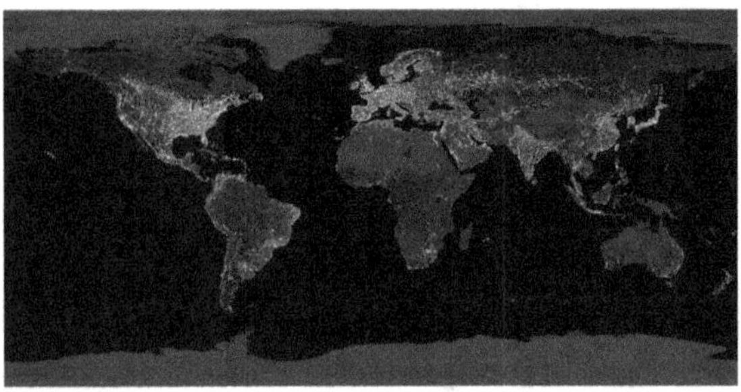

Kleine-Welt-Netzwerk [i13]

Gut zu wissen

Forstzertifizierungen

Forstzertifizierungen sind Standards für nachhaltige Forstwirtschaft, die im internationalen Holzhandel eine Rolle spielen können.

Globalen Handelsnetzwerken

Die Kenntnis der Struktur globaler Handelsnetzwerke ist für Händler wichtig, um Chancen und Risiken im Handel zu erkennen und darauf zu reagieren.

Internationalen Holzhandel

Der internationale Holzhandel ist ein Beispiel für eine Branche, in der Faktoren wie Forstzertifizierungen und geografische Nähe eine wichtige Rolle spielen.

Kern-Peripherie-Struktur

Die Kern-Peripherie-Struktur beschreibt die Organisation von Netzwerken in einen zentralen Kern und eine Peripherie. Im Handel kann dies helfen, die wichtigsten Akteure und ihre Beziehungen zu verstehen.

Skalenfreie Strukturen

Skalenfreie Strukturen in Netzwerken bedeuten, dass einige wenige Knoten (z. B. große Handelsunternehmen) eine überproportional große Anzahl von Verbindungen haben. Diese Knoten können einen großen Einfluss auf den Markt haben.

Sektorspezifische Handelsmerkmale

Vergleich wichtiger Handelskennzahlen über verschiedene Sektoren

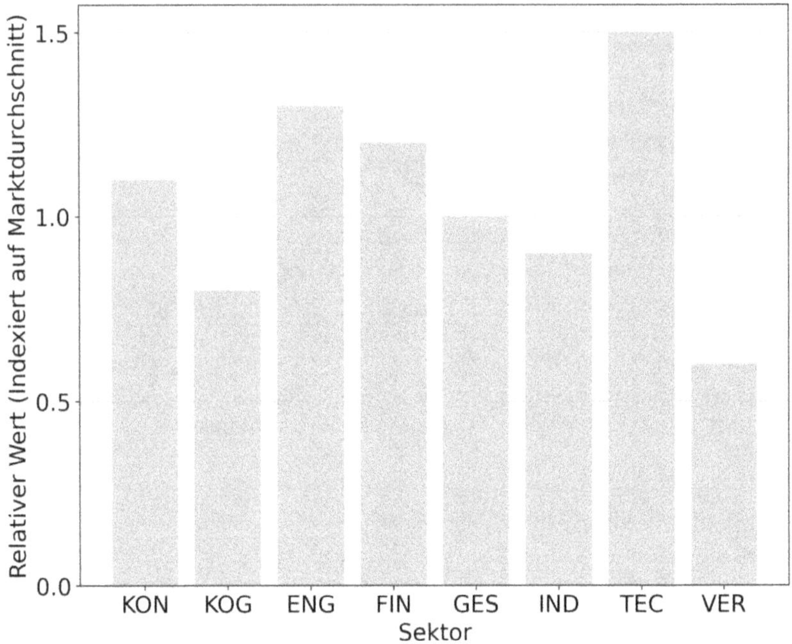

ENG: Energie

FIN: Finanzen

GES: Gesundheit

IND: Industrie

KOG: Konsumgüter (Gebrauchsgüter)

KON: Konsumgüter (Verbrauchsgüter)

TEC: Technologie

VER: Versorgung

Dieses Diagramm hebt die signifikanten Unterschiede der Handelsmerkmale in verschiedenen Sektoren hervor. Der Technologiesektor weist eine hohe Volatilität und Dynamik auf, was auf Möglichkeiten für Trendfolgestrategien hindeutet. Im Gegensatz dazu zeigt der Versorgungssektor eine geringere Volatilität und Dynamik, was auf eine potenzielle Eignung für einkommensorientierte Strategien hinweist. Der Gesundheitssektor stellt ein Gleichgewicht zwischen diesen Extremen dar. Diese Unterschiede unterstreichen die Bedeutung der Anpassung von Handelsstrategien an die spezifischen Merkmale jedes Sektors.

Konkrete Ratschläge

- Identifizieren Sie im Sektor Maschinenbau spezialisierte Nischenhändler, die Ersatzteile für ältere Maschinenmodelle anbieten.
- Konzentrieren Sie sich auf die Analyse der Lieferketten dieser Nischenhändler und prüfen Sie deren Abhängigkeit von einzelnen Zulieferern.
- Beobachten Sie die Preisentwicklung dieser Ersatzteile und entwickeln Sie ein Frühwarnsystem für Preissteigerungen aufgrund von Verknappung.
- Bauen Sie Beziehungen zu diesen Nischenhändlern auf und sichern Sie sich langfristige Lieferverträge für kritische Ersatzteile.
- Analysieren Sie die Kern-Peripherie-Struktur im Handel mit seltenen Erden und identifizieren Sie die zentralen Akteure.
- Beobachten Sie die Handelsströme zwischen diesen Akteuren und entwickeln Sie ein Verständnis für deren jeweilige Marktmacht.
- Prüfen Sie die Möglichkeit, strategische Partnerschaften mit peripheren Akteuren einzugehen, um Zugang zu neuen Quellen zu erhalten.
- Recherchieren Sie die regulatorischen Hürden im Handel mit gentechnisch veränderten Saatgütern und identifizieren Sie Märkte mit niedrigen Eintrittsbarrieren.
- Konzentrieren Sie sich auf die Analyse von Subsektoren innerhalb der Agrarbranche, die von diesen regulatorischen Unterschieden profitieren.
- Beobachten Sie die Entwicklung neuer Technologien im Bereich der Saatgutproduktion und prüfen Sie deren Einfluss auf bestehende Handelsstrukturen.

5. 3 Intermarktanalyse

Intermarktanalyse betrachtet die Wechselwirkungen zwischen verschiedenen Märkten wie Währungen, Rohstoffen und Zinsen. Diese Zusammenhänge beeinflussen die Rentabilität von Handelsgeschäften erheblich, bergen aber auch Risiken. Falscheinschätzungen der Wechselkursentwicklungen, Rohstoffpreis-Fluktuationen oder der Zinspolitik können zu Verlusten führen. Dieses Kapitel untersucht die komplexen Beziehungen zwischen diesen Märkten und zeigt, wie Trader diese Informationen für ihre Handelsentscheidungen nutzen können. Von der Auswirkung des US-Dollars auf Rohstoffpreise bis zur Bedeutung der Zinsstrukturkurve als Frühindikator - hier erhalten Sie das nötige Wissen, um Ihre Handelsstrategie zu optimieren. Entdecken Sie die Chancen der Intermarktanalyse und meistern Sie die damit verbundenen Herausforderungen.

Die Intermarktanalyse, insbesondere die Beziehung zwischen Zinsmärkten, Rohstoffpreisen und Währungen, ist entscheidend für Swing-Trading und Order-Flow-Strategien, da sie frühzeitige Hinweise auf zukünftige Marktbewegungen und profitable Handelsmöglichkeiten liefert.

Währungseinflüsse auf Handelsmärkte

Währungsschwankungen beeinflussen die Rentabilität von Handelsgeschäften und sind daher für Trader relevant. Ein schwächerer Heimatwährung macht Importe teurer und Exporte günstiger. Umgekehrt verteuern sich bei einer starken Heimatwährung die Exporte, während Importe preiswerter werden. Diese Dynamik wirkt sich direkt auf die Gewinne von Unternehmen aus, die international tätig sind. Ein US-amerikanisches Unternehmen, das einen Großteil seiner Produkte in Europa verkauft, erzielt bei einem schwachen Dollar höhere Gewinne in der Heimatwährung, da die in Euro erzielten Umsätze bei der Umrechnung in Dollar mehr wert sind. Fällt der Dollar jedoch gegenüber dem Euro, sinken die Dollar-Gewinne des Unternehmens. Diese Wechselkurseffekte beeinflussen die Aktienkurse. Investoren antizipieren die Auswirkungen von Währungsschwankungen auf die Unternehmensgewinne und passen ihre Anlageentscheidungen entsprechend an. Daher sollten Trader die Wechselkursentwicklungen im Blick behalten, insbesondere bei Unternehmen mit starkem Auslandsgeschäft. Zudem beeinflussen Währungen die Rohstoffpreise. Da Rohstoffe meist in US-Dollar gehandelt werden, führt ein schwacher Dollar tendenziell zu steigenden Rohstoffpreisen, während ein starker Dollar einen Abwärtsdruck auf die Preise ausübt. Ein Beispiel: Ein deutscher Händler importiert Kaffeebohnen aus Brasilien. Steigt der US-Dollar gegenüber dem Euro, verteuern sich die in Dollar gehandelten Kaffeebohnen für den Händler, was sich auf seine Kalkulation und letztlich den Kaffeepreis für den Endverbraucher auswirken kann. Neben den direkten Auswirkungen auf Im- und Exporte beeinflussen Währungsschwankungen auch die Geldpolitik der Zentralbanken. Eine schwache Währung kann zu Inflation führen, da Importe teurer werden. Um die Inflation zu bekämpfen, können Zentralbanken die Leitzinsen erhöhen. Steigende Zinsen wiederum können die Wirtschaftsaktivität bremsen und sich negativ auf die Aktienmärkte auswirken. Für Trader ist es daher wichtig, die

Wechselkursentwicklungen im Zusammenhang mit der Geldpolitik zu betrachten. Die Wechselkursanalyse umfasst verschiedene Ansätze. Die Fundamentalanalyse betrachtet makroökonomische Faktoren wie Wirtschaftswachstum, Inflation und Zinsdifferenzen zwischen Ländern. Die technische Analyse hingegen konzentriert sich auf Chartmuster und Indikatoren, um zukünftige Kursbewegungen zu prognostizieren. Darüber hinaus können Trader auch die Stimmung am Markt, das sogenannte Sentiment, berücksichtigen. Ein hohes Maß an Optimismus oder Pessimismus gegenüber einer bestimmten Währung kann sich auf deren Kursentwicklung auswirken. Zu den gängigen Währungspaaren im Handel gehören unter anderem EUR/USD, USD/JPY und GBP/USD. Die Veränderungen dieser und anderer Währungspaare können erhebliche Auswirkungen auf Handelsgeschäfte haben. Trader nutzen verschiedene Strategien, um von Währungsschwankungen zu profitieren. Der Carry Trade beispielsweise besteht darin, eine Währung mit niedrigem Zinssatz zu verkaufen und eine Währung mit hohem Zinssatz zu kaufen, um von der Zinsdifferenz zu profitieren. Eine weitere Strategie ist das Hedging, bei dem Währungsrisiken durch den Einsatz von Finanzinstrumenten wie Futures oder Optionen abgesichert werden.

Um die Währungseinflüsse auf Handelsmärkte effektiv zu analysieren, sollten Trader die folgenden Punkte beachten:

- Verfolgen Sie die wichtigsten Wirtschaftsindikatoren und Zentralbankentscheidungen.
- Beobachten Sie die Wechselkursentwicklungen der relevanten Währungspaare.
- Analysieren Sie die Auswirkungen von Währungsschwankungen auf die betroffenen Unternehmen und Branchen.
- Nutzen Sie sowohl fundamentale als auch technische Analysemethoden.
- Berücksichtigen Sie die Marktstimmung und das Sentiment.

Durch ein umfassendes Verständnis der Wechselkursdynamik und deren Auswirkungen auf die Handelsmärkte können Trader fundierte Handelsentscheidungen treffen und ihre Erfolgschancen erhöhen. Ein aktives Währungsmanagement ist somit ein wichtiger Bestandteil einer erfolgreichen Handelsstrategie. So kann ein Rohstoffhändler, der die US-Dollar-Entwicklung korrekt antizipiert, seine Einkaufspreise optimieren und so seine Gewinnspanne verbessern.

Gut zu wissen

Carry Trade

Der Carry Trade ist eine Handelsstrategie, bei der Anleger Kredite in einer Währung mit niedrigem Zinssatz aufnehmen und diese in eine Währung mit höherem Zinssatz investieren, um von der Zinsdifferenz zu profitieren. Diese Strategie ist jedoch mit Wechselkursrisiken verbunden, die bei der Intermarktanalyse berücksichtigt werden müssen.

Fundamentalanalyse

Im Kontext der Intermarktanalyse verwendet die Fundamentalanalyse makroökonomische Daten wie BIP-Wachstum, Inflationsraten und Handelsbilanzen, um die Stärke einer Volkswirtschaft und ihrer Währung zu bewerten und so Handelsentscheidungen zu beeinflussen.

Technische Analyse

Die technische Analyse nutzt Chartmuster, Preisbewegungen und Indikatoren, um zukünftige Markttrends und -bewegungen vorherzusagen. In der Intermarktanalyse kann sie dazu verwendet werden, potenzielle Wendepunkte in den Wechselkursen oder Korrelationen zwischen verschiedenen Märkten zu identifizieren.

Zentralbanken

Zentralbanken spielen eine entscheidende Rolle in der Intermarktanalyse. Ihre Entscheidungen in Bezug auf die Geldpolitik, wie z. B. Zinserhöhungen oder -senkungen, können erhebliche Auswirkungen auf die Währungsmärkte und andere Anlageklassen haben.

USD/JPY vs. Nikkei 225 Korrelation

Veranschaulicht die Korrelation zwischen dem USD/JPY-Wechselkurs und der Nikkei-225-Performance.

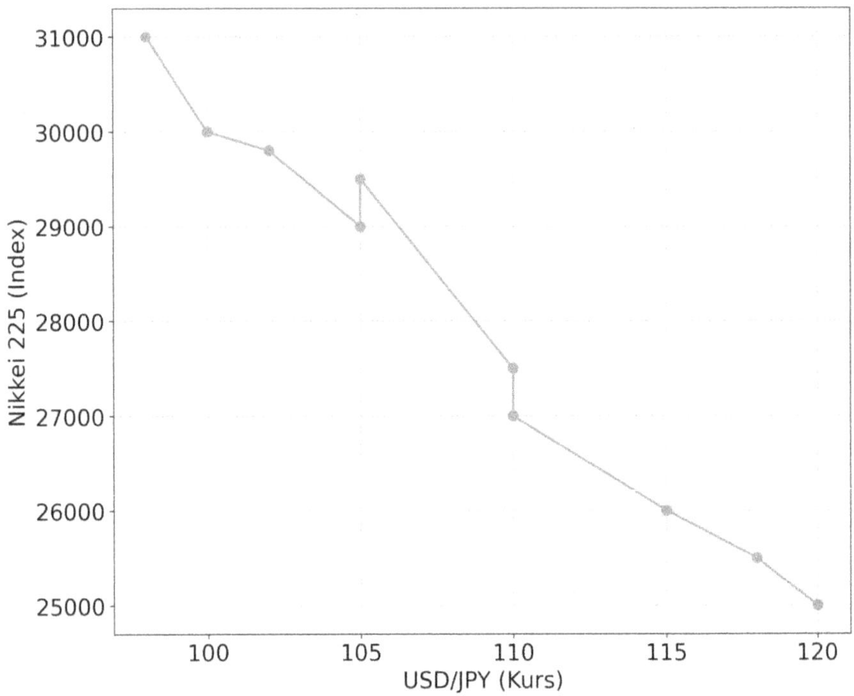

Es wird eine negative Korrelation beobachtet, was darauf hindeutet, dass ein stärkerer Yen (schwächerer USD/JPY) tendenziell mit einem Anstieg des Nikkei 225 einhergeht, während ein schwächerer Yen oft mit einem Rückgang des Index korrespondiert. Dieser inverse Zusammenhang könnte auf den Einfluss der Wechselkurse auf die Wettbewerbsfähigkeit japanischer Exporte und die ausländischen Investitionsströme zurückgeführt werden.

Rohstoff-Aktien-Beziehungen

Rohstoffpreise und Aktienkurse zeigen oft wechselseitige Beziehungen, die durch komplexe Marktmechanismen beeinflusst werden. Diese Verbindungen entstehen durch verschiedene Faktoren, darunter Angebot und Nachfrage, Inflationserwartungen und die allgemeine Wirtschaftslage. Ein zentraler Aspekt ist die Rolle des US-Dollars als dominierende Währung im Rohstoffhandel. Ein schwächerer Dollar kann Rohstoffe für Käufer anderer Währungen günstiger machen, was die Nachfrage und damit die Preise erhöht. Umgekehrt kann ein starker Dollar Rohstoffpreise drücken. Diese Preisbewegungen bei Rohstoffen beeinflussen die Aktienkurse von Unternehmen, die von diesen Rohstoffen abhängig sind. Rohstoffproduzenten wie Bergbauunternehmen profitieren oft von steigenden Rohstoffpreisen, da dies ihre Einnahmen erhöht. Ein Goldproduzent erzielt z.B. bei einem höheren Goldpreis größere Gewinne. Dagegen können Unternehmen, die Rohstoffe als Inputfaktoren benötigen, wie z.B. Fluggesellschaften (Kerosin) oder Lebensmittelhersteller (Getreide), unter steigenden Rohstoffpreisen leiden, da ihre Produktionskosten steigen. Diese Kostenänderungen spiegeln sich oft in den Aktienkursen wider. Ein weiterer Faktor ist die Inflation. Steigende Rohstoffpreise können zu Inflation führen, was wiederum die Geldpolitik der Zentralbanken beeinflusst. Zinserhöhungen zur Inflationsbekämpfung können die Wirtschaftsaktivität dämpfen und sich negativ auf die Aktienmärkte auswirken. Daher ist es für Anleger ratsam, die Rohstoffmärkte im Kontext der allgemeinen Wirtschaftslage und der Geldpolitik zu betrachten. Die Beziehung zwischen Rohstoffen und Aktien kann je nach Rohstoffsektor und der Art des Unternehmens variieren. So reagieren Aktien von Ölgesellschaften anders auf Ölpreisänderungen als Aktien von Automobilherstellern. Auch innerhalb eines Sektors können die Reaktionen unterschiedlich ausfallen. Während einige Ölproduzenten von höheren Ölpreisen

profitieren, können andere, die stark in Exploration und Produktion investieren, durch höhere Kosten belastet werden. Für Trader ist es wichtig, diese komplexen Zusammenhänge zu verstehen und in ihre Handelsstrategien zu integrieren. Eine sorgfältige Analyse der Rohstoffmärkte, der Unternehmensdaten und der makroökonomischen Bedingungen ist unerlässlich, um fundierte Anlageentscheidungen zu treffen. Die Beobachtung von Korrelationen zwischen bestimmten Rohstoffen und Aktien kann helfen, Handelschancen zu identifizieren. So könnte ein Trader, der einen Anstieg des Kupferpreises erwartet, Aktien von Kupferminen kaufen. Umgekehrt könnte er bei einem erwarteten Rückgang des Ölpreises Aktien von Fluggesellschaften in Betracht ziehen. Darüber hinaus können Diversifikationsstrategien dazu beitragen, das Portfolio gegen Risiken abzusichern, die aus den komplexen Beziehungen zwischen Rohstoffen und Aktien entstehen. Ein diversifiziertes Portfolio, das sowohl Rohstoffanlagen als auch Aktien aus verschiedenen Sektoren enthält, kann dazu beitragen, das Gesamtrisiko zu reduzieren.

Gut zu wissen

Diversifikation

Diversifikation im Kontext der Intermarktanalyse bedeutet, das Portfolio auf verschiedene Anlageklassen, wie Rohstoffe und Aktien aus unterschiedlichen Sektoren, zu verteilen. Dies dient dazu, das Risiko zu minimieren, da Verluste in einem Bereich durch Gewinne in einem anderen ausgeglichen werden können. Beispielsweise kann ein diversifiziertes Portfolio sowohl Gold als auch Aktien von Technologieunternehmen enthalten, um das Risiko von Verlusten in einem Sektor durch potenzielle Gewinne im anderen zu reduzieren.

Makroökonomische Bedingungen

Makroökonomische Bedingungen beziehen sich auf die Gesamtsituation einer Volkswirtschaft, einschließlich Faktoren wie Wirtschaftswachstum, Inflation, Zinsen und Arbeitslosigkeit. Diese Bedingungen beeinflussen die Rohstoff- und Aktienmärkte. Beispielsweise können steigende Zinsen die Nachfrage nach Rohstoffen dämpfen und gleichzeitig die Aktienkurse belasten. Daher ist es wichtig, die makroökonomischen Bedingungen bei der Entwicklung von Trading-Strategien zu berücksichtigen.

Rohstoff-Aktien-Korrelationen

Korrelation zwischen Rohstoffpreisen, Aktienperformance und Marktkapitalisierung.

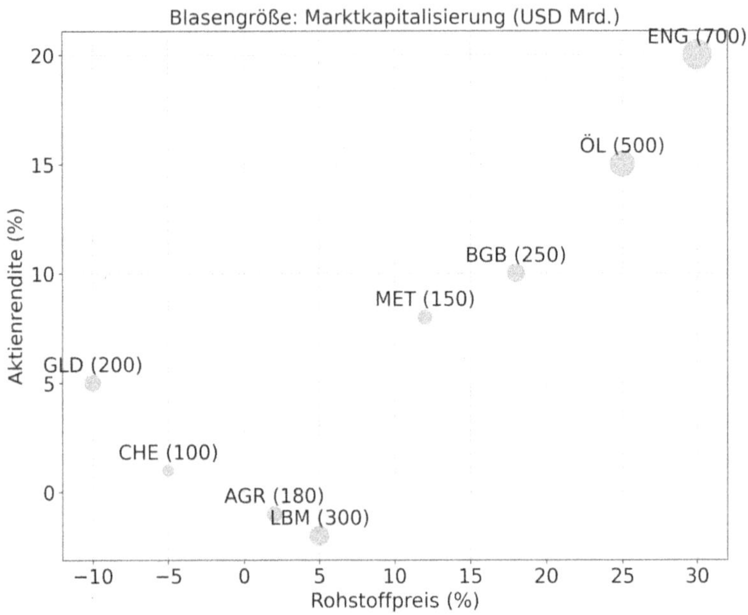

Blasengröße: Marktkapitalisierung (USD Mrd.)

AGR: Agrarunternehmen	BGB: Bergbaugruppe
CHE: Chemiekonzern	ENG: Energiegigant
GLD: Goldminen AG	LBM: Lebensmittelhersteller
MET: Metallwerke AG	ÖL: Öl- und Gasgesellschaft

Dieses Diagramm zeigt verschiedene Cluster, was darauf hindeutet, dass bestimmte Rohstoffpreisbewegungen bestimmte Aktiensektoren erheblich beeinflussen. Aktien mit hoher Marktkapitalisierung im Energiesektor scheinen sehr empfindlich auf Ölpreisschwankungen zu reagieren und weisen starke positive Korrelationen auf. Umgekehrt zeigen Material- und Bergbauaktien eine moderate Korrelation mit den Metallpreisen. Interessanterweise weisen einige Basiskonsumgüteraktien eine negative Korrelation mit den Agrarrohstoffpreisen auf, was möglicherweise auf Druck durch die Inputkosten hindeutet.

Zinsmärkte als Frühindikator

Zinsmärkte bieten durch ihre Sensitivität gegenüber wirtschaftlichen Veränderungen wertvolle Einblicke in zukünftige Entwicklungen. Besonders die Zinsstrukturkurve, die die Renditen von Anleihen unterschiedlicher Laufzeiten abbildet, dient als wichtiger Indikator. Ihre Form – normal, invers oder flach – signalisiert die Erwartungen des Marktes hinsichtlich des Wirtschaftswachstums und der Inflation. Eine normale, aufwärts geneigte Kurve, bei der langfristige Anleihen höhere Renditen bieten als kurzfristige, deutet in der Regel auf ein erwartetes Wirtschaftswachstum hin. Eine inverse Kurve, bei der kurzfristige Renditen die langfristigen übersteigen, wird oft als Rezessionssignal interpretiert. Dies liegt daran, dass Investoren in Erwartung einer wirtschaftlichen Abkühlung und sinkender Zinsen langfristige Anleihen bevorzugen, was deren Preise treibt und die Renditen senkt [s29]. Neben der Form der Zinsstrukturkurve liefern auch Veränderungen der Zinsspreads – die Differenz zwischen den Renditen verschiedener Anleihen – wichtige Informationen. Der kurzfristige Forward-Spread, also die Differenz zwischen den erwarteten kurzfristigen Zinsen in der Zukunft und den aktuellen kurzfristigen Zinsen, gibt Aufschluss über die Markterwartungen bezüglich der Geldpolitik. Ein negativer kurzfristiger Forward-Spread signalisiert, dass der Markt eine Lockerung der Geldpolitik durch die Zentralbank erwartet, häufig als Reaktion auf eine erwartete Konjunkturabschwächung [s29]. Diese Information ist für Trader relevant, da sie auf eine mögliche

Verlangsamung des Wirtschaftswachstums hindeutet und somit Auswirkungen auf verschiedene Anlageklassen haben kann. Ein Händler, der einen negativen kurzfristigen Forward-Spread beobachtet, könnte beispielsweise seine Positionen in zyklischen Aktien reduzieren, die besonders empfindlich auf Konjunkturschwankungen reagieren und stattdessen verstärkt in defensive Aktien investieren, die tendenziell stabiler sind. Die Analyse des kurzfristigen Forward-Spreads bietet gegenüber der Betrachtung langfristiger Zinsdifferenzen einen Vorteil, da er die kurzfristigen Erwartungen des Marktes bezüglich der Geldpolitik präziser widerspiegelt [s29]. Diese Erwartungen fließen direkt in die Handelsentscheidungen der Marktteilnehmer ein und beeinflussen somit die Preisbildung an den Finanzmärkten. Für Trader, die auf makroökonomische Indikatoren basierte Strategien verfolgen, ist der kurzfristige Forward-Spread daher ein wertvolles Instrument zur Prognose der wirtschaftlichen Entwicklung und zur Anpassung ihrer Handelsstrategien. So kann ein Anleihenhändler, der einen Rückgang der kurzfristigen Zinsen antizipiert, seine Positionen entsprechend anpassen, um von dieser Entwicklung zu profitieren.

Gut zu wissen

Defensive Aktien

Defensive Aktien sind Aktien von Unternehmen, die auch in Zeiten wirtschaftlicher Unsicherheit stabile Erträge und Dividenden liefern. Sie sind weniger anfällig für Konjunkturschwankungen und bieten daher in turbulenten Marktphasen einen gewissen Schutz.

Forward-Spread

Der Forward-Spread ist die Differenz zwischen dem aktuellen Kassakurs eines Finanzinstruments und dem Terminkurs für einen zukünftigen Zeitpunkt. Er gibt die Markterwartungen hinsichtlich zukünftiger Preisbewegungen wider und kann von Tradern zur Bewertung von Handelschancen genutzt werden.

Zinsstrukturkurve

Die Zinsstrukturkurve zeigt die Beziehung zwischen der Rendite und der Laufzeit von Anleihen. Sie kann für Trader Hinweise auf zukünftige Zinsänderungen und Wirtschaftswachstum liefern und so Handelsentscheidungen beeinflussen.

Zyklische Aktien

Zyklische Aktien sind Aktien von Unternehmen, deren Performance stark von der Konjunktur abhängig ist. In Zeiten wirtschaftlichen Aufschwungs tendieren diese Aktien dazu, gut zu laufen, während sie in Zeiten wirtschaftlicher Abschwächung oft unterdurchschnittlich abschneiden.

Vorlaufzeiten von Zinsindikatoren

Vorlaufzeiten verschiedener Zinsindikatoren für Aktienmarktbewegungen.

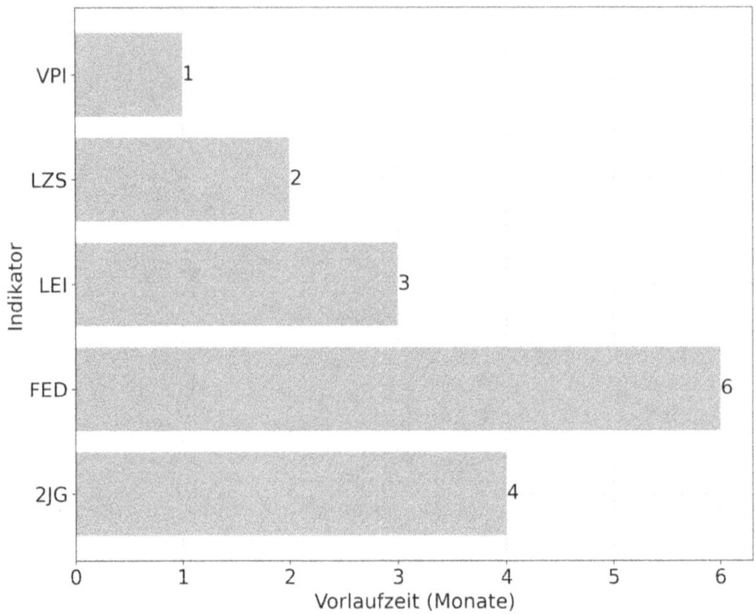

2JG: 2-Jahres-Rendite

FED: Leitzins der Fed

LEI: 10-Jahres-Rendite

LZS: 10J-2J-Spread

VPI: Inflationsrate

Das Diagramm hebt die unterschiedlichen Vorlaufzeiten verschiedener Zinsindikatoren hervor. Längere Vorlaufzeiten, wie sie beispielsweise bei der 10J-2J-Renditedifferenz beobachtet werden, deuten auf ein größeres Vorhersagepotenzial für Aktienmarktbewegungen hin. Kürzere Vorlaufzeiten implizieren einen engeren zeitlichen Zusammenhang mit den Marktreaktionen. Händler können diese Erkenntnisse nutzen, um Marktverschiebungen zu antizipieren, indem sie bestimmte Indikatoren mit nachgewiesenen Vorlaufzeiten beobachten.

Konkrete Ratschläge

- Beobachten Sie die Entwicklung spezialisierter Handelsformen in anderen Ländern und prüfen Sie deren Übertragbarkeit auf Ihren Zielmarkt.
- Identifizieren Sie Nischenmärkte mit geringen Eintrittsbarrieren für spezialisierte Handelsformen und entwickeln Sie ein tiefes Verständnis für deren Besonderheiten.
- Analysieren Sie die Wettbewerbslandschaft in spezialisierten Handelsformen und identifizieren Sie unbesetzte Nischen oder Marktlücken.
- Kooperieren Sie mit anderen Unternehmen, um Synergien zu nutzen und gemeinsam neue spezialisierte Handelsformen zu entwickeln.
- Beobachten Sie die Preisentwicklung in spezialisierten Handelsformen über verschiedene Märkte hinweg und identifizieren Sie Arbitragemöglichkeiten.
- Nutzen Sie technologische Innovationen, um spezialisierte Handelsformen effizienter zu gestalten und neue Geschäftsmodelle zu entwickeln.
- Bauen Sie ein Netzwerk aus Experten in spezialisierten Handelsformen auf, um von deren Wissen und Erfahrung zu profitieren.
- Analysieren Sie die regulatorischen Rahmenbedingungen für spezialisierte Handelsformen in verschiedenen Märkten und identifizieren Sie potenzielle Risiken und Chancen.
- Entwickeln Sie ein Frühwarnsystem für Veränderungen im Markt für spezialisierte Handelsformen, um schnell auf neue Trends und Entwicklungen reagieren zu können.
- Testen Sie neue spezialisierte Handelsformen in einem Pilotprojekt, bevor Sie diese im großen Maßstab umsetzen.

Rückblick - 5. Spezialisierte Handelsformen

Spezialisierte Handelsformen erfordern ein tiefes Verständnis der Marktmechanismen und eine durchdachte Strategie. Der Ausgangstext liefert zwar grundlegende Informationen zu technischen Indikatoren, Chartmustern und Risikomanagement, jedoch ist für den erfolgreichen Einsatz spezialisierter Handelsformen eine differenziertere Betrachtungsweise notwendig. Sie sollten sich nicht allein auf technische Signale verlassen, sondern auch fundamentale Faktoren, Branchenrotation, Sektorkorrelationen und Währungseinflüsse in Ihre Handelsentscheidungen einbeziehen. Gerade die Interaktion verschiedener Märkte bietet oft ungenutzte Chancen, erfordert aber auch ein aktives Risikomanagement.

Beginnen Sie mit der Entwicklung einer robusten Handelsroutine, die Marktbeobachtung, Analyse, Handel und Nachbereitung umfasst. Definieren Sie klare Ein- und Ausstiegskriterien basierend auf Ihrer individuellen Risikobereitschaft und Ihrem Handelsstil. Achten Sie dabei auf die branchenspezifischen Besonderheiten. Die Struktur globaler Handelsnetzwerke, die Kern-Peripherie-Struktur von Branchen und die Dynamik von Lieferketten können Ihre Handelsstrategie maßgeblich beeinflussen. Vermeiden Sie typische Anfängerfehler wie Übertraden, das Ignorieren von Risikomanagement und emotionales Handeln. Ein Trading-Tagebuch kann Ihnen helfen, Ihre Entscheidungen zu reflektieren und aus Fehlern zu lernen.

Nutzen Sie die Informationen aus den Zinsmärkten. Die Zinsstrukturkurve und der kurzfristige Forward-Spread können als Frühindikatoren für wirtschaftliche Veränderungen dienen und Ihnen helfen, Ihre Portfolioallokation anzupassen. Beobachten Sie die Wechselkursentwicklungen und analysieren Sie deren Auswirkungen auf die betroffenen Unternehmen und Branchen. Berücksichtigen Sie die Rohstoff-Aktien-Beziehungen. Steigende Rohstoffpreise können die Gewinne von Produzenten erhöhen, aber gleichzeitig die Kosten für Unternehmen steigern, die diese Rohstoffe benötigen. Nutzen Sie diese Zusammenhänge, um Handelschancen zu identifizieren und Ihr Portfolio durch Diversifikation abzusichern.

Die Integration dieser spezialisierten Handelsformen in Ihre Strategie erfordert Zeit, Engagement und kontinuierliche Weiterbildung. Experimentieren Sie zunächst mit einem Demokonto, um verschiedene Ansätze zu testen und Erfahrungen zu sammeln, ohne Ihr Kapital zu riskieren. Seien Sie geduldig und diszipliniert. Erfolgreicher Handel basiert auf fundierten Entscheidungen, nicht auf Glück oder impulsiven Reaktionen. Mit dem richtigen Wissen, einer durchdachten Strategie und der nötigen Disziplin können Sie die Vorteile spezialisierter Handelsformen nutzen und Ihre Handelsperformance nachhaltig verbessern.

Kostenlose Zusatzangebote in Planung

Wir freuen uns, Ihnen künftig ergänzende kostenlose Materialien zu diesem Buch anbieten zu können:

- Ein exklusives Bonuskapitel mit zusätzlichen Inhalten
- Eine kompakte Zusammenfassung des gesamten Buches im PDF-Format
- Eine Hörspiel Version (In Planung)

Die Veröffentlichung dieser Materialien ist für 2025 geplant.

www.SaageBooks.com/de/trading-bonus-7T9YYC

Liebe Leserinnen, liebe Leser,

Wir fühlen uns sehr geehrt, dass Sie sich die Zeit genommen haben, unser Buch von Anfang bis Ende zu lesen. Unser größter Wunsch ist es, Ihnen wertvolle Erkenntnisse und praktische Hilfestellungen mit auf den Weg zu geben. Ihr Vertrauen in unsere Arbeit bedeutet uns sehr viel. Wir hoffen, die Lektüre war für Sie bereichernd. Sollten Sie Fragen oder Anregungen haben, können Sie uns gerne über unsere Website kontaktieren.

Wir würden uns sehr über eine ehrliche Rezension freuen. Sie können Ihre ehrliche Bewertung ganz einfach auf der Verkaufsplattform hinterlassen, über die Sie das Buch erworben haben.
Vielen Dank für Ihre Unterstützung!

Cupido A.I. Saage

Saage Media GmbH - Team

Quellen

Unser aufrichtiger Dank gilt allen Autoren der zitierten wissenschaftlichen und nicht-wissenschaftlichen Quellen, den Betreibern der referenzierten Internetseiten sowie den Urhebern der verwendeten Bilder, Grafiken und Studien, deren wertvolle Arbeiten zur Entstehung dieses Buches beigetragen haben.
Für weitere Informationen empfehlen wir Ihnen, die Quellen-Websites zu besuchen.
Sollten Sie Fehler bei der Zuordnung oder andere Unstimmigkeiten entdecken, kontaktieren Sie uns bitte.

Alle Quellen wurden zuletzt aufgerufen am: 2025-06-11

[s1] - https://journals.plos.org/plosone/article?id=10.1371/journal.pone.0302289

Autor:	Sangyuan Wang, Keran Li, Yaling Liu, Yijun Chen, Xianbo Tang	**Titel:**	VIX constant maturity futures trading strategy: A walk-forward machine learning study
von:	Southwestern University of Finance and Economics, The University of Sydney	**DOI:**	10.1371/journal.pone.0302289
Datum:	Apr 19, 2024	**Webseite:**	PLOS ONE
Publisher:	Public Library of Science		

[s2] - https://dx.doi.org/10.1186/s40854-022-00358-1

Autor:	Ni, Yensen; Day, Min-Yuh; Cheng, Yirung; Huang, Paoyu	**Titel:**	Can investors profit by utilizing technical trading strategies? Evidence from the Korean and Chinese stock markets
DOI:	10.1186/s40854-022-00358-1	**Datum:**	2022-06-02
Publisher:	SpringerOpen		

[s3] - https://pmc.ncbi.nlm.nih.gov/articles/PMC10105614/

Autor:	Donald Lien, Pi-Hsia Hung	**Titel:**	Whose trades contribute more to price discovery? Evidence from the Taiwan stock exchange
DOI:	10.1007/s11156-023-01150-7	**Datum:**	2023 Apr 15
Webseite:	PubMed Central (PMC)		

[s4] - https://pmc.ncbi.nlm.nih.gov/articles/PMC10733348/
Autor: Sandra Andraszewicz, Dániel Kaszás, Stefan Zeisberger, Christoph Hölscher
Titel: The influence of upward social comparison on retail trading behaviour
von: PubMed Central (PMC)
DOI: 10.1038/s41598-023-49648-3
Datum: 2023 Dec 19
Webseite: PMC
Publisher: Scientific Reports

[s5] - https://pmc.ncbi.nlm.nih.gov/articles/PMC10203679/
Autor: Kwansoo Kim, Sang-Yong Tom Lee, Robert J Kauffman
Titel: Social informedness and investor sentiment in the GameStop short squeeze
DOI: 10.1007/s12525-023-00632-9
Datum: 2023 May 23
Webseite: PubMed Central (PMC)
Publisher: Electronic Markets

[s6] - https://pmc.ncbi.nlm.nih.gov/articles/PMC9527381/
Autor: Hwang Kim
Titel: An empirical analysis of navigation behaviors across stock and cryptocurrency trading platforms: implications for targeting and segmentation strategies
von: College of Business & Economics, Chung-Ang University, Seoul, Republic of Korea
DOI: 10.1007/s10660-022-09612-1
Datum: 2022 Oct 3
Webseite: PubMed Central (PMC)

[s7] - https://dx.doi.org/10.2139/ssrn.4718616
Autor: Pravin Srivastava
Titel: Risk management mastery: The key to successful trading
von: SSRN
DOI: 10.2139/ssrn.4718616
Datum: 2024/03/05
Webseite: SSRN
Publisher: Elsevier

[s8] - https://dx.doi.org/10.1186/s43093-021-00097-2?icid=int.sj-abstract.citing-articles.1
Autor: Balakrishnan, A. and Barik, Nirakar
Titel: Do select macroeconomic factors drive momentum returns?
DOI: 10.1186/s43093-021-00097-2
Datum: 2021-12-28
Webseite: Future Business Journal
Publisher: SpringerOpen

[s9] - https://dx.doi.org/10.1186/s40854-020-00217-x
Autor: Helder Sebastião, Pedro Godinho
Titel: Forecasting and trading cryptocurrencies with machine learning under changing market conditions
von: SpringerOpen
DOI: 10.1186/s40854-020-00217-x
Datum: 2021-01-06
Publisher: SpringerOpen

[s10] - https://dx.doi.org/10.30598/barekengvol17iss2pp0787-0796
Autor: Anggel Dwi Miranda, Siska Yosmar, Septri Damayanti
Titel: APPLICATION OF FUZZY TIME SERIES WITH FIBONACCI RETRACEMENT FOR FORECASTING STOCK PRICE PT. BANK RAKYAT INDONESIA
DOI: 10.30598/barekengvol17iss2pp0787-0796
Datum: 2023/06/11
Webseite: BAREKENG: Jurnal Ilmu Matematika dan Terapan
Publisher: Pattimura University

[s11] - https://dx.doi.org/10.54691/bcpbm.v32i.2887

Autor:	Leyu Zou	**Titel:**	Option pricing and risk hedging for Apple
von:	BCP Business & Management	**DOI:**	10.54691/bcpbm.v32i.2887
Datum:	2022-11-22	**Webseite:**	BCP Business & Management

[s12] - https://pmc.ncbi.nlm.nih.gov/articles/PMC11935771/

Autor:	Edrees Ramadan Mersal, Kürşat Mustafa Karaoğlan, Hakan Kutucu	**Titel:**	Enhancing market trend prediction using convolutional neural networks on Japanese candlestick patterns
von:	Karabuk University	**DOI:**	10.7717/peerj-cs.2719
Datum:	2025 Feb 27	**Webseite:**	PubMed Central (PMC)
Publisher:	PeerJ Computer Science		

[s13] - https://pmc.ncbi.nlm.nih.gov/articles/PMC6970147/

Autor:	Carmen Morawetz, Peter N C Mohr, Hauke R Heekeren, Stefan Bode	**Titel:**	The effect of emotion regulation on risk-taking and decision-related activity in prefrontal cortex
DOI:	10.1093/scan/nsz078	**Datum:**	2019 Oct 31
Webseite:	PubMed Central (PMC)	**Publisher:**	Social Cognitive and Affective Neuroscience

[s14] - https://pmc.ncbi.nlm.nih.gov/articles/PMC11826850/

Autor:	Lakshit Jain, Luis Velez-Figueroa, Surya Karlapati, Mary Forand, Rizwan Ahmed, Zouina Sarfraz	**Titel:**	Cryptocurrency Trading and Associated Mental Health Factors: A Scoping Review
von:	National Center for Biotechnology Information (NCBI)	**DOI:**	10.1177/21501319251315308
Datum:	2025 Feb 14	**Webseite:**	PubMed Central (PMC)
Publisher:	Journal of Primary Care & Community Health		

[s15] - https://pubmed.ncbi.nlm.nih.gov/37050533/

Autor:	Tripathi B;Sharma RK	**Titel:**	EEG-Based Emotion Classification in Financial Trading Using Deep Learning: Effects of Risk Control Measures
von:	National Center for Biotechnology Information (NCBI)	**DOI:**	10.3390/s23073474
Datum:	03/26/2023	**Webseite:**	PubMed
Publisher:	Sensors (Basel)		

[s16] - https://pmc.ncbi.nlm.nih.gov/articles/PMC4198126/

Autor:	Yang-Yu Liu, Jose C Nacher, Tomoshiro Ochiai, Mauro Martino, Yaniv Altshuler	**Titel:**	Prospect Theory for Online Financial Trading
DOI:	10.1371/journal.pone.0109458	**Datum:**	2014 Oct 15
Webseite:	PubMed Central (PMC)	**Publisher:**	PLoS ONE

[s17] - https://pmc.ncbi.nlm.nih.gov/articles/PMC8253174/

Autor:	George A Bonanno	**Titel:**	The resilience paradox
von:	Department of Counseling and Clinical Psychology, Teachers College, Columbia University, New York, NY, USA	**DOI:**	10.1080/20008198.2021.1942642
Datum:	2021 Jun 30	**Webseite:**	PubMed Central (PMC)
Publisher:	European Journal of Psychotraumatology		

[s18] - https://pmc.ncbi.nlm.nih.gov/articles/PMC3122271/

Autor:	Barbara L Fredrickson	**Titel:**	The Role of Positive Emotions in Positive Psychology: The Broaden-and-Build Theory of Positive Emotions
von:	University of Michigan	**DOI:**	10.1037//0003-066x.56.3.218
Datum:	2001 Mar	**Webseite:**	PubMed Central (PMC)
Publisher:	The American psychologist		

[s19] - https://pmc.ncbi.nlm.nih.gov/articles/PMC8763848/

Autor:	Vincent Berthet	**Titel:**	The Impact of Cognitive Biases on Professionals' Decision-Making: A Review of Four Occupational Areas
von:	Université de Lorraine, 2LPN, Nancy, France; Psychology and Neuroscience Lab, Centre d'Économie de la Sorbonne, Université de Lorraine, CNRS UMR 8174, Paris, France	**DOI:**	10.3389/fpsyg.2021.802439
Datum:	2022 Jan 4	**Webseite:**	PubMed Central (PMC)
Publisher:	Frontiers in Psychology		

[s20] - https://pmc.ncbi.nlm.nih.gov/articles/PMC2827453/

Autor:	Michelle Baddeley	**Titel:**	Herding, social influence and economic decision-making: socio-psychological and neuroscientific analyses
von:	Gonville and Caius College, Cambridge	**DOI:**	10.1098/rstb.2009.0169
Datum:	2010 Jan 27	**Webseite:**	PubMed Central (PMC)
Publisher:	Philosophical Transactions of the Royal Society B: Biological Sciences		

[s21] - https://pmc.ncbi.nlm.nih.gov/articles/PMC4451179/

Autor:	Laurie R Santos	**Titel:**	The Evolutionary Roots of Human Decision Making
von:	Yale University	**DOI:**	10.1146/annurev-psych-010814-015310
Datum:	2015 Jan 3	**Webseite:**	PubMed Central (PMC)
Publisher:	Annual review of psychology		

[s22] - https://pmc.ncbi.nlm.nih.gov/articles/PMC4553655/

Autor:	Shahram Heshmat, Associate Professor Emeritus, Adjunct Professor of Public Health, Department of Public Health, University of Illinois at Springfield, Springfield, Illinois	**Titel:**	Behavioral Economics of Self-Control Failure
von:	National Center for Biotechnology Information (NCBI)	**Datum:**	2015 Sep 3
Webseite:	PubMed Central (PMC)	**Publisher:**	The Yale Journal of Biology and Medicine

[s23] - https://pmc.ncbi.nlm.nih.gov/articles/PMC2756459/

Autor:	John Monterosso, George Ainslie	**Titel:**	The behavioral economics of will in recovery from addiction
DOI:	10.1016/j.drugalcdep.2006.09.004	**Datum:**	2006 Oct 10
Webseite:	PubMed Central (PMC)		

[s24] - https://pmc.ncbi.nlm.nih.gov/articles/PMC7482889/

Autor:	Elisabeth Schanche, Jon Vøllestad, Per-Einar Binder, Aslak Hjeltnes, Ingrid Dundas, Geir Høstmark Nielsen	**Titel:**	Participant experiences of change in mindfulness-based stress reduction for anxiety disorders
von:	University of Bergen	**DOI:**	10.1080/17482631.2020.1776094
Datum:	2020 Jun 16	**Webseite:**	PubMed Central (PMC)

[s25] - https://journals.plos.org/plosone/article?id=10.1371/journal.pone.0221910

Autor:	Charu Sharma, Amber Habib	**Titel:**	Mutual information based stock networks and portfolio selection for intraday traders using high frequency data: An Indian market case study
von:	Shiv Nadar University	**DOI:**	10.1371/journal.pone.0221910
Datum:	Aug 29, 2019	**Webseite:**	PLOS ONE
Publisher:	Public Library of Science		

[s26] - https://pmc.ncbi.nlm.nih.gov/articles/PMC9105963/

Autor:	Philip W S Newall, Leonardo Weiss-Cohen	**Titel:**	The Gamblification of Investing: How a New Generation of Investors Is Being Born to Lose
von:	University of Bristol; Kingston University	**DOI:**	10.3390/ijerph19095391
Datum:	2022 Apr 28	**Webseite:**	PMC (PubMed Central)
Publisher:	MDPI		

[s27] - https://journals.plos.org/plosone/article?id=10.1371/journal.pone.0015032

Autor:	Dror Y. Kenett, Michele Tumminello, Asaf Madi, Gitit Gur-Gershgoren, Rosario N. Mantegna, Eshel Ben-Jacob	**Titel:**	Dominating Clasp of the Financial Sector Revealed by Partial Correlation Analysis of the Stock Market
DOI:	10.1371/journal.pone.0015032	**Datum:**	Dec 20, 2010
Webseite:	PLOS ONE	**Publisher:**	Public Library of Science

[s28] - https://pubmed.ncbi.nlm.nih.gov/37492085/

Autor:	Fang Y, Tang M, Wei H, Feng Z, Yu N	**Titel:**	Global ginseng trade networks: structural characteristics and influencing factors
von:	PubMed	**DOI:**	10.3389/fphar.2023.1119183
Datum:	2023/07/10	**Webseite:**	PubMed
Publisher:	Front Pharmacol		

[s29] - https://doi.org/10.17016/2380-7172.2212

Autor:	Eric Engstrom, Steve Sharpe	**Titel:**	(Don't Fear) The Yield Curve
von:	Board of Governors of the Federal Reserve System	**DOI:**	10.17016/2380-7172.2212
Datum:	2018-06-28	**Webseite:**	Federal Reserve Board
Publisher:	Board of Governors of the Federal Reserve System		

Bild-Quellen

Die nicht aufgelisteten Bilder stammen entweder aus eigener Erstellung oder wurden mit entsprechender Lizenz erworben. Für diese Bilder sind alle Rechte vorbehalten.

Für alle anderen, hier aufgelisteten Bilder gilt:
Keines der Bilder wurde verändert, lediglich die Auflösung wurde angepasst. In der eBook-Version wurden die Bilder zu nummerierten Collagen zusammengestellt. Alle Bilder unterliegen weiterhin ihrer ursprünglichen Lizenz und werden gemäß ihrer jeweiligen Lizenzbestimmungen verwendet. Sollten Sie Fehler bei der Zuordnung oder andere Unstimmigkeiten entdecken, kontaktieren Sie uns bitte.

Datum der finalen Bildprüfung: 2025-06-11.

Verwendete Lizenz

CC0	http://creativecommons.org/publicdomain/zero/1.0/deed.en

Bildnachweise

[i1] - 001_001_001_image_kursgewinnverhaeltnis.jpeg
https://upload.wikimedia.org/wikipedia/commons/0/01/NYSE-floor.jpg

Date:	Taken	**von:**	Itsmine
Künstler:	en:User:Taak	**License:**	Public domain

[i2] - 001_001_002_image_rohstoff.jpeg
https://upload.wikimedia.org/wikipedia/commons/6/60/Gold_Ingots_on_white_background.jpg

Date:	2009-09-27	**von:**	Amada44
Künstler:	Szaaman	**License:**	Public domain

[i3] - 001_002_001_image_stochastischer_oszillator.jpeg
https://upload.wikimedia.org/wikipedia/commons/e/e7/Chart_Goog.png

Date:	21 August 2006	**von:**	Booksboy
License:	Public domain		

[i4] - 001_002_003_image_chartingtools.jpeg
https://upload.wikimedia.org/wikipedia/commons/4/47/Stock_market_charts_illustration.jpg

Date:	2017-03-17	**von:**	Janbery
Künstler:	Unknown authorUnknown author	**License:**	CC0

[i5] - 002_003_001_image_icebergorders.jpeg
https://upload.wikimedia.org/wikipedia/commons/5/5d/Titanic_iceberg.jpg

Date:	1912-04-15	**von:**	Bhickey
Künstler:	The chief steward of the liner Prinz Adalbert	**License:**	Public domain

[i6] - 003_001_001_image_fibonaccizahlen.jpeg
https://upload.wikimedia.org/wikipedia/commons/f/f0/Clevelandart_1988.5.jpg

Date:	-1505	**von:**	Madreiling
License:	CC0		

[i7] - 004_003_001_image_meditation.jpeg
https://upload.wikimedia.org/wikipedia/commons/8/84/%28Lavaur%29_M%C3%A9ditation_%281893%29_-_Henri_Rachou_-_Mus%C3%A9e_des_Augustins.jpg

Date:	Taken	**von:**	Archaeodontosaurus
Künstler:	Didier Descouens	**License:**	Public domain

[i8] - 004_003_002_image_achtsamkeit.jpeg
https://upload.wikimedia.org/wikipedia/commons/9/98/Sukhesikarama_Mindful_Forest_Meditation_Center.jpg

Date:	2024-02-15	**von:**	Cun Cun
License:	CC0		

[i9] - 004_003_002_image_autogenes_training.jpeg
https://upload.wikimedia.org/wikipedia/commons/e/e9/DK-Haltung.jpg

Date:	1980-01-01	**von:**	Neuthaler
License:	Public domain		

[i10] - 004_003_002_image_stress.jpeg
https://upload.wikimedia.org/wikipedia/commons/0/03/Art_of_War%2C_Service_members_use_art_to_relieve_PTSD_symptoms_DVIDS579803.jpg

Date:	2012-05-03	**von:**	Fae
Künstler:	Cpl. Andrew Johnston	**License:**	Public domain

[i11] - 004_003_003_image_mentoring.jpeg
https://upload.wikimedia.org/wikipedia/commons/d/d0/MOI_PA_video_mentoring_%284476152064%29.jpg

Date:	2010-03-30	**von:**	File Upload Bot (Magnus Manske)
Künstler:	NATO Training Mission-Afghanistan	**License:**	Public domain

[i12] - 005_002_002_image_energiesektor.jpeg
https://upload.wikimedia.org/wikipedia/commons/9/9a/GM_Energy_display.jpg

Date:	2025-01-15	**von:**	WMrapids
License:	CC0		

[i13] - 005_002_003_image_kleineweltnetzwerk.jpeg
https://upload.wikimedia.org/wikipedia/commons/e/e1/Earth%27s_City_Lights_by_DMSP%2C_1994-1995_%28large%29.jpg

Date:	between	**von:**	Tholme
Künstler:	Data: Marc Imhoff/NASA GSFC, Christopher Elvidge/NOAA NGDC; Image: Craig Mayhew and Robert Simmon/NASA GSFC	**License:**	Public domain

www.ingramcontent.com/pod-product-compliance
Lightning Source LLC
La Vergne TN
LVHW010915051026
849532LV00003B/710
* 9 7 8 3 6 9 1 4 1 1 5 3 9 *